एक सिख नेता की दास्तान

(पाकिस्तान से डालटनगंज तक)

एक सिख नेता की दास्तान

(पाकिस्तान से डालटनगंज तक)

इन्दर सिंह नामधारी

वाणी प्रकाशन

प्रकाशन के उत्कृष्टतम 60 वर्ष

vaniprakashan.com

सजिल्द प्रथम संस्करण (जून) : 2023
सजिल्द द्वितीय संस्करण (सितम्बर) : 2023

वाणी प्रकाशन

4695, 21-ए, दरियागंज, नयी दिल्ली-110 002

फ़ोन : +91 11 23273167, 23275710

शाखाएँ

अशोक राजपथ, पटना-800 004, बिहार
कॉफ़ी हाउस कैम्पस, महात्मा गांधी मार्ग, इलाहाबाद-211 001, उत्तर प्रदेश
महात्मा गांधी अन्तरराष्ट्रीय हिन्दी विश्वविद्यालय, वर्धा-442 001, महाराष्ट्र
36/ए, शेक्सपियर सरणी, रानी बिरला गर्ल्स कॉलेज के पास, कोलकाता-700 017, प. बंगाल
sales@vaniprakashan.in
vaniprakashan@gmail.com

Ek Sikh Neta ki Dastaan
by Inder Singh Namdhari

ISBN : 978-93-5775-925-0
Autobiography

मूल्य : ₹495

आर. टेक ऑफ़सेट प्रिंटर्स, दिल्ली-110 032 में मुद्रित

वाणी प्रकाशन का लोगो मक़बूल फ़िदा हुसेन की कूची से

अनुक्रम

प्रस्तावना

बिहार और झारखण्ड की महान जनता के मन में यह यक्ष प्रश्न उठ सकता है कि क्या मेरी पहचान मात्र एक सिख नेता की है? यदि नहीं तो फिर मैंने अपनी दास्तान को धार्मिक पहचान के साथ क्यों जोड़ा? पलामू और चतरा की जनता को इसका उत्तर देना मैं अपना कर्तव्य समझता हूँ क्योंकि उसने धर्म और जाति की लकीर को अपनी दरियादिली से बौना कर दिखाया है।

मैं मात्र सात वर्ष का था जब एक सिख होने के कारण मेरे परिवार को देश के विभाजन के दौरान बेघर कर दिया गया। 1980 में भाजपा ने मुझे अपने विधायक दल का नेता तब चुना जब पंजाब का माहौल बिगड़ रहा था। उस दौरान तत्कालीन भाजपा अध्यक्ष अटल बिहारी वाजपेयी मुझे अपने साथ अमृतसर ले गये। एक तरफ़ वाजपेयी जी ने जहाँ अपनी पार्टी की धर्मनिरपेक्षता का सबूत दिया, वहीं दूसरी ओर, मैंने देश की अखण्डता पर भाषण देकर अपनी देश-भक्ति का।

1984 में अपने सिख अंगरक्षकों द्वारा प्रधानमन्त्री इन्दिरा गांधी की जघन्य हत्या के बाद भड़के दंगों में मुझे भी अपनी अग्निपरीक्षा देनी पड़ी। दंगाइयों को रोकने के लिए जब मैं सड़कों पर बिना पुलिस सुरक्षा के निकल पड़ा तो मेरे कुछ ग़ैर-सिख साथियों ने जबरन मुझे घर वापस जाने के लिए मजबूर कर दिया। उनका एक ही तर्क था—उस समय मेरी पहचान एक विधायक से पहले एक सिख की थी। भाजपा की बागडोर एक कट्टरपन्थी लालकृष्ण आडवाणी के हाथों में चले जाने के बावजूद 1988 में एक सिख को बिहार जैसे बड़े प्रदेश का अध्यक्ष तो बना दिया गया लेकिन मेरी धर्मनिरपेक्षता पार्टी को थोड़ी खटकने लगी।

वर्ष 2000 में झारखण्ड के निर्माण में मेरी अहम भूमिका रही। पंजाब के एक सिख का हिन्दू बाहुल्य प्रदेश का पहला स्पीकर बनना जहाँ सुर्खियों में रहा, वहीं झारखण्ड का इस देश को एक ही सन्देश था—एक नेता की पहचान उसके धर्म से बड़ी होती है।

2009 में जब मेरा लोकतन्त्र के सबसे बड़े मन्दिर में जाने का सपना पूरा हुआ तो अपनी कर्मभूमि को श्रद्धांजलि देने की मेरी बारी थी। अपने पहले भाषण के दौरान मैंने पूरी संसद को उस महान जनता को सलाम करने के लिए कहा जिसने एक निर्दलीय सिख को जिताकर उनके बीच भेजा। पूरा हॉल मेज़ की थपथपाहट से गूँज उठा, जिनमें प्रधानमन्त्री मनमोहन सिंह, कांग्रेस अध्यक्ष सोनिया गांधी, भाजपा अध्यक्ष लालकृष्ण आडवाणी और अन्य पार्टियों के वरिष्ठ नेता भी थे। सदन से निकलते वक़्त देश की राष्ट्रपति प्रतिभा पाटिल ने ख़ुद मेरे पास खड़ी होकर मेरे भाषण पर बधाई दी।

उम्र के अस्सी साल की दहलीज को लाँघकर आज जब मैं पीछे मुड़कर देखता हूँ तो यही ख़याल आता है कि कभी मेरी पहचान एक सिख की होती थी और कभी एक नेता की। कहीं एक नेता की होती थी तो कहीं सिख नेता की। गुरु नानक ने ही सिख शब्द को अस्तित्व दिया जिसका अर्थ होता है शिष्य। उन्होंने धर्म का एक ही मर्म सिखाया—इन्सानियत। मैं राजनीति और धर्म दोनों का ही शिष्य बनकर रहा। आने वाली पीढ़ियों को मैं अपने अनुभव से यही संदेश देना चाहता हूँ कि धर्म का रास्ता बेशक कोई भी हो, एक नेता की मंज़िल एक ही होती है—मानवधर्म।

पाकिस्तान से डालटनगंज तक के लम्बे सफ़रनामे का इसीलिए मुझे एक ही नाम सूझा—'एक सिख नेता की दास्तान'।

हरिवंश नारायण सिंह

प्रख्यात पत्रकार एवं राज्यसभा के उपसभापति

एक सिख नेता की दास्तान

इन्दर सिंह नामधारी ने अपनी आत्मकथा का शीर्षक दिया है 'एक सिख नेता की दास्तान'। अत्यन्त रोचक और शुरू से अन्त तक बाँधकर रखने वाली यह किताब आपके हाथों में है। पढ़ते हुए महसूस करेंगे कि इसे किसी एक ढाँचे में नहीं रख सकते। यह नामधारी जी के निजी और राजनीतिक जीवन का सफ़रनामा भी है, क़रीब छह दशक तक सक्रिय सार्वजनिक जीवन जीने का वृत्तान्त भी और इस दौरान निजी और सार्वजनिक जीवन के अनुभवों का संस्मरणात्मक विवरण भी। पाकिस्तान से उजड़कर, नये सिरे से जीवन-सफ़र शुरू करने वाले नामधारी जी की यह पुस्तक प्रेरक भी है। कठिन अवरोधों के बीच अपनी शर्त पर चलने और जीने का संकल्प दर्शाती पुस्तक।

इन्दर सिंह नामधारी जी वरिष्ठ राजनेता हैं। सार्वजनिक जीवन में उनका अनुभव लम्बा और व्यापक रहा है। बिहार और झारखण्ड की राजनीति में उन्होंने अपनी एक अलग पहचान बनायी है। अलग छाप छोड़ी है। वह 1979 में पहली बार बिहार राज्य पथ परिवहन निगम के अध्यक्ष बने, तब से लेकर बिहार के भूमि सुधार राजस्व मन्त्री, परिवहन मन्त्री और बाद में झारखण्ड के पहले विधानसभा अध्यक्ष के रूप में उनका काम, कई नायाब पहल उनकी कर्मठता और दूरदर्शिता का परिचायक हैं।

देश के बँटवारे के बाद पाकिस्तान के एक क़स्बे से मात्र सात साल की उम्र में वह भारत आये। पूरे परिवार के साथ दुरूह यात्रा करते हुए। जम्मू, अमृतसर, इटावा होते हुए बिहार के पलामू पहुँचे। बचपन में मदरसे में हुई उर्दू की आरम्भिक पढ़ाई उनके पास शिक्षा या ज्ञान के विरासत के रूप में थी। पर, आगे चलकर अपनी मेहनत और अदम्य इच्छाशक्ति के बल पर उन्होंने इंजीनियरिंग की पढ़ाई की, प्राध्यापक बने। धार्मिक गुरु के साथ देश-विदेश की यात्रा की। राजनीति में आये। आपातकाल में जेल गये। बिहार में सिक्ख समुदाय की न तो आबादी ज़्यादा थी, न किसी सिक्ख नेता का राजनीतिक इतिहास था। नामधारी जी के परिवार का भी कोई राजनीतिक इतिहास नहीं रहा पर, उन्होंने अपनी क़ाबिलियत से, संकल्प से, संघर्ष कर अपनी जगह बनायी। ज़ात-पात-सम्प्रदाय की राजनीति के मिथक को तोड़ते हुए उन्होंने अपनी राह ख़ुद गढ़ी। भारतीय जनता पार्टी जैसी पार्टी के बिहार में प्रदेश अध्यक्ष बने। छह बार विधायक चुने गये। लोकसभा के निर्दलीय सांसद के रूप में जनता ने उन्हें चतरा (झारखण्ड) से चुना। संघर्ष के दौर में भी बिना हताश-निराश हुए, धैर्य और संयम के साथ लगे रहने, उम्मीदों के साथ आगे बढ़ते रहने की उनकी कहानी न सिर्फ़ दिलचस्प है, बल्कि मनोबल बढ़ाने वाली भी।

यह किताब नामधारी जी के निजी अनुभवों पर आधारित है पर उनका निजी जीवन भी बड़े कैनवास पर फैला हुआ है। उनकी निजता का भी सार्वजनिक सरोकार है। चाहे वह पाकिस्तान से परिस्थितिवश निकलकर उनके परिवार के भारत और फिर बिहार-झारखण्ड आकर बसने की कहानी हो या नामधारी समुदाय की तब की रूढ़ता का प्रसंग हो। चाहे शैक्षणिक क्षेत्र में जाने या धार्मिक क्षेत्र में रहने या राजनीति में रच-बस जाने के उनके अन्तर्द्वन्द्व की कहानी हो।

इस किताब के अध्याय कड़ी-दर-कड़ी आपस में जुड़ते हुए, क्रमवार तर्कों के बजाय तथ्यों के सहारे आगे बढ़ते हैं। बहुत ही कुशलता से लेखक ने किताब में विभिन्न प्रसंगों को संस्मरणों, उद्धरणों, सूक्तियों, उक्तियों के ज़रिये क्रमवार रखा है। इसमें यशस्वी प्रधानमन्त्री अटल बिहारी वाजपेयी समेत कई शीर्ष नेताओं से जुड़े निजी प्रसंग हैं। गांधी, विनोबा की बातें हैं। भारतीय सन्त परम्परा के वचनों को लेखक ने सार्थक तरीक़े से पुस्तक में उकेरा है। यूँ भी हमेशा ही नामधारी की पहचान एक कुशल और प्रभावी वक्ता के रूप में रही है।

बेशक यह किताब उनके निजी और सार्वजनिक जीवन की यात्रा का दस्तावेज़ है, पर इसकी सबसे ख़ास बात है—नामधारी जी की लेखकीय निष्पक्षता। पढ़ते हुए

लगेगा कि वह कुछ छुपाते नहीं। अपनी कमियों को, अपनी सीमाओं को भी खुलकर बताते हैं, स्वीकारते हैं।

नामधारी जी की इस किताब में ज़्यादातर प्रसंग बिहार और झारखण्ड की राजनीति, राजनीतिक हालात से जुड़े हैं। पर, इस क्रम में वे राष्ट्रीय राजनीति के अनेक प्रसंगों को भी समायोजित करते हैं। उन पर अपने ऑब्ज़र्वेशन भी लिखते हैं। इस लिहाज़ से देखें तो इस किताब का महत्त्व सिर्फ़ नामधारी जी के जीवन के सफ़रनामे को समझने भर नहीं। ना ही बिहार-झारखण्ड की तत्कालीन राजनीतिक स्थितियों को समझने का दस्तावेज़ है, बल्कि देश की राजनीति के कुछ अनछुए प्रसंग भी इसमें हैं।

आशा है कि नामधारी जी की इस किताब को पढ़कर न सिर्फ़ उनके व्यक्तिगत और सार्वजनिक जीवन को समझने में मदद मिलेगी, बल्कि बिहार, झारखण्ड की तत्कालीन राजनीतिक इतिहास की जानकारी भी मिलेगी। ऐसी किताबें राजनीति में रुचि रखने वाले युवाओं को, राजनीतिक कार्यकर्ताओं को ज़रूर पढ़नी चाहिए, ताकि यह समझ विकसित हो कि राजनीति में संघर्ष एक आवश्यक तत्त्व है, संयम और धैर्य-आभूषण।

आने वाली युवा पीढ़ी के लिए कई सन्दर्भों में बहुत उपयोगी कृति है यह। संकल्प हो, तो इंसान कैसे प्रतिकूल परिस्थितियों में अपनी विशिष्ट जगह बनाता है, इसका उदाहरण हैं नामधारी जी। भावी पीढ़ी जो देश का भविष्य और राजनीति सँवारना चाहती है, उसे इस पुस्तक से बहुत कुछ जानने-समझने और सीखने को मिलेगा।

हरिवंश

पाकिस्तान से डालटनगंज तक

मेरी कहानी देश के बँटवारे से पहले पाकिस्तान के एक छोटे-से गाँव नौशेरा खोजिया से शुरू होती है, जो वहाँ के पंजाब प्रान्त के गुजरात ज़िले में पड़ता है। मेरे पिता योध सिंह ख़ुद तो अपने माँ-बाप की इकलौती सन्तान थे लेकिन वे आठ बेटों और एक बेटी के पिता बने। भाइयों में मैं छठा और क्रमानुसार सातवाँ था। मेरे जन्म की तारीख़ तो माँ-बाप को याद नहीं थी लेकिन मेरे नाम को रखे जाने का इत्तेफ़ाक वे कभी नहीं भूले। मैं बरसात के मौसम में पैदा हुआ और पूरी रात इन्द्र देवता गरजते और बरसते रहे तो मेरी सरल स्वभाव की माँ द्रौपदी देवी को अपने छठे पुत्र का एक ही नाम सूझा—इन्द्र।

पानी के साथ मेरा रिश्ता सिर्फ़ नाम का नहीं। बचपन में मुझे पहला जीवनदान पानी ने ही दिया। मेरी उम्र लगभग छह साल रही होगी जब मैं अपने पैतृक गाँव के एक गहरे कुएँ में जा गिरा।

मेरे सबसे बड़े भाई बलवन्त मुझसे लगभग बीस साल बड़े थे, जिस कारण उनका पहला बेटा सत्येन्द्र मेरा हमउम्र था। हम दोनों चाचा-भतीजा कम, दोस्त ज़्यादा थे। एक बार उसकी माँ ने हम दोनों को पड़ोस के कुएँ पर नहाने के लिए भेज दिया और कहा, "तुम दोनों चलो, मैं बाल्टी लेकर आ रही हूँ।" मैं पानी को छूने की कोशिश में कुएँ में जा गिरा। मेरा भतीजा उस समय ठीक से बोल भी नहीं पाता था लेकिन वह दौड़ते हुए अपनी माँ के पास पहुँचा और तुतलाते हुए पंजाबी भाषा में बोला, "इन्दर खुई विच घम (इन्दर कुएँ में गिर गया है)।" मेरी भाभी को समझते देर नहीं लगी और वह दौड़ते हुए कुएँ के पास आयी और मदद के लिए चिल्लाने लगी। नौशेरा जैसे छोटे-से गाँव में यह बात जंगल में आग की तरह फैल गयी। उस कुएँ से चूँकि अक्सर ज़हरीले साँप निकला करते थे, कोई भी घुसने को तैयार नहीं हुआ। आख़िरकार मेरे दुबले और छोटे क़दकाठी के पिता को एक बड़ी बाल्टी में बैठाकर कुएँ में उतारा गया। कुछ समय तक तो उन्हें मेरा अता-पता नहीं

चला और घबराकर उन्होंने ऊँची आवाज़ में कहा, "लड़का तो कहीं मिल ही नहीं रहा है।" अचानक मेरे पैर उनके हाथों में आ गये और उन्होंने पूरी ताक़त लगाकर मुझे बाहर खींच लिया। मेरे मुँह से एक ज़ोरदार चीख़ निकली और पिता मुझे गोद में लेकर बाल्टी के सहारे बाहर आ गये। इस पूरे घटनाक्रम में आधे घण्टे से कम समय नहीं लगा होगा। मुँह के बल गिरने से मेरा सिर सीधे दलदल में जा फँसा था, जिसके चलते कुएँ का पानी मेरे अन्दर प्रवेश नहीं कर सका। इस घटना ने मुझे छोटी उम्र में ही भाग्यवादी बना दिया। मौत से यह मेरा पहला साक्षात्कार था पर आख़िरी नहीं। प्रकृति ने ऐसे ही मुझे कई बार जीवनदान दिया है।

मुस्लिम बाहुल्य होने के कारण गाँव के गिने-चुने सिख परिवारों के बच्चे भी मदरसे में ही पढ़ा करते थे। जब मैं भी पढ़ने लायक हो गया तो मेरा दाख़िला गाँव के मदरसे में करा दिया गया जहाँ मैंने अलिफ-बे सीखना शुरू कर दिया। मेरे पिताजी एक किराने की दुकान चलाते थे जिसमें मेरे तीन बड़े भाई— बलवन्त, कृपाल एवं अमर—उनका हाथ बँटाते। सबसे बड़े बलवन्त दुकान का हिसाब-किताब देखते और उनसे छोटे कृपाल पर सामान की ख़रीदगी का ज़िम्मा था। वे अक्सर घोड़ी पर सवार होकर पड़ोस के जलालपुर शहर जाते और किराना ऊँटों पर लद कर नौशेरा पहुँचता। बीस वर्ष का होते ही अमर भइया भी दुकान में बैठने लगे। पहली बार जब वे घोड़ी पर चढ़कर सामान ख़रीदने जलालपुर गये तो किसी ने उनकी घोड़ी ही चुरा ली। बहुत खोजबीन करने के बावजूद वह घोड़ी नहीं मिल सकी। मुझसे दो और बड़े भाई, महेन्द्र एवं सहेन्द्र, जलालपुर के एक बोर्डिंग स्कूल में पढ़ते थे। उनके हॉस्टल जाने के समय तरह-तरह की मिठाइयाँ बनतीं जिन्हें हम तीनों छोटे भाई और मुझसे बड़ी बहन मजे से खाते।

नौशेरा खोजिया के दस-बारह सिख परिवारों ने अपनी धार्मिक आस्था से एक गुरुद्वारा भी बना लिया था। पिताजी के चाचा, बुद्ध सिंह, अपने परिवार के साथ हमारे पड़ोस में रहते थे। मेरी माँ हर रविवार मुझे भी गुरुद्वारा ले जाती। गुरुवाणी सुनकर मुझमें उसके अर्थ जानने की उत्सुकता पैदा होती। माँ ज़्यादा पढ़ी-लिखी तो नहीं थी लेकिन उनकी आवाज़ में ऐसी मधुरता थी कि जब वह भजन गाती तो मैं मन्त्रमुग्ध होकर साथ में गुनगुनाने लगता। मुझे आज भी याद करके हैरत होती है कि नौ बच्चे होने के बावजूद मेरी माँ कितनी फुर्तीली हुआ करती थी। एक बार वह जलालपुर शहर में वोट डालने पैदल ही निकल पड़ी। मैं साथ में दौड़ता रहा फिर भी उनके पीछे छूट जाता।

वहाँ मैंने पहली बार धुआँ छोड़ती हुई गाड़ियाँ सड़कों पर दौड़ते हुए देखीं। जलालपुर से भी बड़ा शहर गुजरावालाँ था जहाँ मेरी मौसी रहा करती थी। मेरे मौसा, सेठ मोहर सिंह, गुजरावालाँ शहर के जाने-माने धनवानों में गिने जाते थे। माँ एक बार सभी छोटे बच्चों को अपने साथ बहन के घर ले गयी। हमारे मौसा-मौसी हमे एक रेस्तराँ में ले गये जहाँ पहली बार हमने कोल्ड ड्रिंक पी, जिसका स्वाद मैं आज तक नहीं भूला। बचपन में ऐसी छोटी-छोटी ख़ुशियाँ भी यादगार बनकर रह जाती हैं। एक ऐसी ही याद उस रात की भी है जब गाँव में महफ़िल जमी थी। मेरे बड़े भाई महेन्द्र मुझे भी साथ ले गये। मज़हब अलग-अलग तो थे पर पंजाब में जज़्बा पंजाबियत का था। मुस्लिम लड़कियाँ पंजाबी बोल और टप्पे गा रही थीं जो आज तक पंजाबी शादियों में प्रचलित हैं। उनमें से एक—सूए वे चीरे वालेया मैं कैहनी हाँ, कर छतरी दी छाँ, मैं छाँवें बैहनी हाँ (एक प्रेमिका अपने लाल रंग की पगड़ी पहने प्रेमी से छतरी लाने का आग्रह कर रही है ताकि वह छाया में बैठ सके)—तो ऐसा मेरे मुँह चढ़ा कि मैं घर लौटते वक़्त सारा रास्ता उसे गुनगुनाता रहा और मेरा बड़ा भाई ठहाके मारकर हँसता रहा। उन सादगी भरे पुराने गानों और टप्पों में जो मधुरता थी वह आज के फ़िल्मी गानों में कहाँ मिलती है। चेनाब नदी मेरे गाँव के बगल से होकर गुज़रती थी। जब वह उफान पर होती तो लकड़ियों के बड़े-बड़े बोटे तैरते हुए निकलते और सारा गाँव देखने को उमड़ पड़ता। कई तो उन पर सवार होकर बोटिंग का लुत्फ़ भी उठाते। मैं अक्सर नदी देखने निकल पड़ता और उसके किनारे खड़ा होकर सोचता कि आख़िर यह नदी कश्मीर की किन वादियों से शुरू होती है और इसकी मंज़िल कहाँ है? तब क्या पता था कि मेरी अपनी मंज़िल भी हज़ारों मील दूर एक गुमनाम शहर में है।

उस छोटे-से गाँव में हमारा भरापूरा परिवार अपने आप में रमा हुआ था लेकिन देश पर मँडरा रहे बँटवारे के बादलों से पूरी तरह बेख़बर भी नहीं था। मेरे सबसे बड़े दो भाई नये बसेरे की खोज में प्रस्तावित भारत जा चुके थे। पिताजी के चाचा बुद्ध सिंह भी अपने परिवार सहित उत्तर प्रदेश के इटावा शहर जा बसे थे, लेकिन उनका नौशेरा आना-जाना लगा रहता था। एक मेरे पिताजी थे जो अपनी दुकानदारी में इतने मगन थे कि उन्हें आने वाले ख़तरों की परवाह ही नहीं थी। वे अपना गाँव छोड़कर कहीं और जाने की कभी सोचते तक नहीं थे।

14 अगस्त 1947 को पाकिस्तान का जन्म हुआ और 15 अगस्त को भारत के आज़ाद होने की ख़बर विश्व के कोने-कोने में फैल गयी। दो दिन बाद अंग्रेज़ों ने पंजाब और बंगाल के बँटवारे का ऐलान कर दिया। दोनों मुल्कों के बीच में खींची

गयी लकीर ने ऐसी नफ़रत की दरार डाली कि ख़ून की नदियाँ बहने लगीं। तब मेरी आयु सात साल की रही होगी लेकिन वह दिल दहलाने वाली यादें मुझे भुलाये नहीं भूलतीं। एक तरफ़ दहशतगर्दों ने रातों-रात लाखों हिन्दू और सिख परिवारों को पाकिस्तान छोड़ने पर मजबूर कर दिया वहीं दूसरी ओर भारत से भी उतनी ही बड़ी तादाद में मुस्लिमों को बेघर होना पड़ा। जब आस-पास के सभी सिख परिवारों का गाँव से पलायन शुरू हो गया तब कहीं जाकर मेरे पिताजी की आँखें खुलीं और उन्होंने भी भारी मन से नौशेरा से जाने की तैयारी कर ली।

हमारा गाँव जम्मू बॉर्डर से क़रीब था। मेरी माँ ने कुछ ज़ेवरात और कपड़े पोटलियों में बाँध लिए और पिताजी ने खाने-पीने का कुछ सामान दो ऊँटों पर लाद दिया। मेरे से दो छोटे भाई भी एक-एक ऊँट पर बैठा दिये गये। हमारा पहला पड़ाव था नयी सरहद के उस पार पड़ने वाले एक गाँव का गुरुद्वारा। वहाँ पहुँचने के अगले ही दिन एक मुस्लिम दोस्त का पैग़ाम पाकर मेरे पिता ने पुनः नौशेरा लौटने का मन बना लिया। उनके मामा, हरि सिंह, उन्हें जाने से रोकते रहे लेकिन पिताजी ने उनकी एक न सुनी। भांजे की ज़िद्द देख, वे भी साथ चल पड़े। नौशेरा पहुँचने पर उन्हें लोगों के तेवर बदले-बदले-से लगे। दुकान के पास भीड़ देख मामा-भांजा घबरा गये। धीरे-धीरे भीड़ उन्मादित होने लगी तो दोनों ने नौशेरा छोड़ने में ही अपनी ख़ैर समझी। संयोग से जलालपुर थाना का छोटा दारोगा वहाँ पहुँच गया जो पिताजी का परिचित था। पिताजी ने उससे मदद माँगी और उसने भीड़ को धमकाते हुए दोनों को सीमा तक पहुँचने में मदद की। पिताजी ने बख़्शीश में उसके हाथों में सौ का नोट थमा दिया। मामा अपने भांजे पर इस क़दर नाराज़ हुए कि तेज़ चलकर उनसे पहले ही हमारे ठिकाने तक पहुँच गये। जब मेरी दादी ने अपने बेटे के बारे में पूछा तो उनके मुँह से निकल गया, "वह तो मारा गया।" इतना सुनते ही मेरी दादी गश खाकर गिर पड़ी। अपनी बहन को सँभालते हुए उन्होंने घबराकर कहा, "तुम्हारा होनहार बेटा बिल्कुल ठीक-ठाक है। ग़ुस्से में ऐसी बात मेरे मुँह से निकल गयी।" अपनी इकलौती सन्तान को दादी ने अपने बल पाला था। वह अक्सर बताया करती थी कि मेरे पिता योध सिंह सिर्फ़ छह महीने के थे जब उनके पिता प्लेग महामारी में चल बसे थे। इस तरह बड़ी मुश्किल से मेरे पिता का अपने पुश्तैनी गाँव से मोहभंग हुआ।

हमारा परिवार अगले ही दिन जम्मू की ओर निकल पड़ा। पाकिस्तान से जा रहे हिन्दू और सिख परिवार काफ़िले में जुड़ते गये और देखते-ही-देखते ऐसे लगा जैसे शरणार्थियों का सैलाब आ गया हो। बरसात का मौसम होने के कारण नदियाँ भी उफान पर थीं। तवी नदी का बर्फ़ीला पानी तो बन्दूक से निकली गोली-सी

तेज़ रफ़्तार से बह रहा था। नदी पार करते वक़्त अचानक मेरी उँगली महेन्द्र भइया के हाथ से छूट गयी। इससे पहले कि तेज़ धार मुझे बहा ले जाती, भीड़ से कइयों के हाथ मेरी तरफ़ बढ़े और मुझे बचपन में ही दूसरी बार पानी ने जीवनदान दिया। महेन्द्र भइया ने मुझे अपने कन्धे पर बिठाया और सामान से लदे ऊँट की पूँछ पकड़कर नदी पार करवा दी। ऊँट पर बैठने से भी मैं बहुत डरता था इसलिए हाथ में एक गन्ना पकड़े मैं काफ़िले के साथ-साथ चलने लगा और पता नहीं कब अपने परिवार से बिछड़ गया। कुछ देर बाद एक बरसाती नदी आ गयी। एक नेकदिल इन्सान ने मुझे अकेला देखकर जबरन ऊँट पर बैठा दिया ताकि मैं पानी में बह न जाऊँ। मैंने ऊँट पर बैठ नदी तो पार कर ली पर थकान से पता नहीं कब मैं सो गया। मेरे परिवार के लोग मुझे ढूँढ़ते हुए जब उस सज्जन के पास पहुँचे तो वह उन्हें ऊँट वाले के पास ले आया लेकिन मैं उस पर सवार नहीं था। ऊँट वाले ने जब जीन (थैली) की तलाशी ली तो मुझे गहरी नींद में सोया हुआ पाया।

एक रात हमने किसी नदी के किनारे ठण्ड में गुज़ारी और महँगे दाम में भी खाने को सूखी रोटियाँ और पतली दाल ही मिली। इस तरह दिन को सफ़र और रात को आराम करते हुए हमारा काफ़िला थकते-थकाते कई दिनों में नौशेरा से जम्मू शहर पहुँच गया। वहाँ आकर पता चला कि अमृतसर जाने के सभी रास्ते जाम थे। पाकिस्तान जाने वाले मुसलमानों के काफ़िले उसी रास्ते गुज़र रहे थे। वह मंज़र जिसने भी देखा भूल नहीं सकता। दोनों ही तरफ़ धार्मिक उन्माद चरम पर था और आबादी की अदला-बदली के दौरान मज़हब के नाम पर हुई हैवानियत ने इन्सानियत को शर्मसार कर दिया। कहीं रेलगाड़ियों और बसों पर लदकर शरणार्थियों के काफ़िले रोते-बिलखते जा रहे थे और कहीं हुजूम के हुजूम पैदल चल रहे थे।

इसे विडम्बना ही कहेंगे कि धर्म के नाम पर बेघर हुए लाखों परिवारों को शरण भी मन्दिरों-गुरुद्वारों ने दी। मन्दिरों के शहर जम्मू में हर तरफ़ रिफ्यूज़ी कैम्प ही दिखाई दिये। हम भी एक विशाल मन्दिर के पास बने रिफ्यूज़ी कैम्प में रहे। भोजन के वक़्त नगाड़ा बजता और हम लोग खाने पर टूट पड़ते, चाहे सिर्फ़ पतली दाल और सूखी रोटी ही नसीब होती। लगभग 20 दिन तक जम्मू रहने के बाद हमें शरणार्थियों से लदी मालगाड़ी में बिठाकर अमृतसर भेज दिया गया जहाँ मेरे बड़े भाई कृपाल हमारा इन्तज़ार कर रहे थे। क्या पता था कि उन दिनों मेरी होने वाली हमसफ़र भी महज़ साढ़े तीन साल की उम्र में पाकिस्तान के शेखुपुरा शहर से बेघर होकर अमृतसर के मशहूर हरमन्दिर साहिब गुरुद्वारे (गोल्डन टेम्पल) के पास बने रिफ्यूज़ी कैम्प में रह रही थी। उसकी अपनी कहानी मेरे से मिलती-जुलती तो थी—

वह भी पाकिस्तान से अमृतसर आते वक़्त एक बरसाती नाले में डूबते-डूबते बची थी—लेकिन उसके परिवार पर बीती घटनाओं ने ऐसे गहरे घाव छोड़े जो शादी के समय तक भरे नहीं गये थे।

कृपाल भइया हमें पिताजी के चाचा बुद्ध सिंह के घर इटावा ले आये। जब तक मेरे बड़े भाई नया रैन-बसेरा खोज रहे थे, छोटे भाइयों का दाख़िला स्कूल में कराने की तैयारी भी हुई लेकिन हालात इतने बदतर थे कि दो वक़्त की रोटी नसीब होना भी दुश्वार था। मैं पूरा दिन सड़कों पर घूमता और फिर रेलगाड़ियाँ देखने इटावा स्टेशन पहुँच जाता। किसे पता था कि जीवन का लम्बा सफ़र रेल में ही गुज़रने वाला है।

11 फ़रवरी, 1948 की तारीख़ मेरे दिलो-दिमाग़ में आज भी दर्ज है। शहर में घूमते हुए मैंने चौक-चौराहों पर लगे लाउड-स्पीकर पर सुना कि महात्मा गाँधी की अस्थियाँ एक स्पेशल ट्रेन में दिल्ली से संगम ले जायी जा रही हैं और जिन्हें उस महान आत्मा को अपना आख़िरी सम्मान देना है वह स्टेशन पहुँच जायें। हज़ारों की भीड़ में एक बालक भी अपनी श्रद्धांजलि देने वहाँ पहुँच गया। अपने राजनीतिक सफ़र में सैकड़ों बार इटावा स्टेशन से गुज़रना हुआ लेकिन शहर को दोबारा देखने का सबब नहीं बना।

हमारा आख़िरी पड़ाव तय हो चुका था। बलवन्त भइया माँ के क़रीबी रिश्तेदार, हाकिम सिंह की सलाह पर नये व्यापार की तलाश में पलामू के नगर ऊटारी शहर में रह रहे थे, जो डालटनगंज के क़रीब पड़ता है। हाकिम सिंह ऐसे ज़िन्दादिल इन्सान थे कि मरने के पूर्व ही उन्होंने अपनी अन्तिम अरदास करवाने का इन्तज़ाम कर लिया था। यह दिलचस्प कहानी भी आगे के पन्नों में पढ़ने को मिलेगी।

उन दिनों पंजाब के कई आढ़ती वर्षा ऋतु से पहले बिहार में आकर खेती के लिए लोगों को पैसे उधार देते थे और धान की फ़सल कटने के बाद सूद के साथ वसूल लिया करते थे। आगे जाकर यह प्रथा पलट गयी और बिहार के ग़रीब परिवार मेहनत-मज़दूरी करने के लिए पंजाब में ही जा बसे। बलवन्त भइया के कहने पर हमारा परिवार ट्रेन से डालटनगंज के लिए रवाना हो गया। स्टेशन पर अमर भइया हमारी अगुवाई के लिए खड़े थे। वह दृश्य मुझे अभी भी गुदगुदा जाता है। उन्होंने शर्ट, पैंट और कोर्ट डाल रखा था लेकिन जूते नहीं। इस तरह हमारा परिवार नौशेरा से डालटनगंज पहुँच गया लेकिन अभी भी यह सोचकर हैरत होती है कि इतना लम्बा सफ़र तय करने के पीछे क्या भाग्य का हाथ था? गुरु नानक ने अपनी वाणी में लिखा है :

नक नथ ख़सम हथ किरत धक्के दे।
जहाँ दाने तहाँ खाने नानका सच हे।।

अर्थात् प्रकृति मनुष्य को नकेल डालकर उस स्थान पर बरबस ले जाती है जहाँ उसके खाने के दाने बिखरे होते हैं।

डालटनगंज पहुँचकर देखा कि वहाँ के सीधे-सादे लोग तो ज़्यादातर खप्परपोश मकानों में रहते थे पर प्रकृति ने उसे तालाबों, नदियों और जंगलों से नवाज़ा था। हम यहाँ भी बारिश के मौसम में ही पहुँचे। दर्जनों तालाब लबालब भरे हुए थे और कोयल नदी अपने शबाब में थी। प्रकृति से मेरा अनूठा रिश्ता यहीं से शुरू हुआ। मैं अक्सर कोयल नदी पार करके जंगलों में चला जाता। पेड़ों के नीचे बैठकर कभी साधना करता और कभी सोचता कि इस प्रकृति को चलाने वाला आख़िर कौन है? अध्यात्म की ओर मेरा ध्यान बढ़ता गया और हर धर्म के साधु-सन्तों से मिलना मेरी फ़ितरत बन गयी। शुरुआत मेरे घर से हुई जहाँ हर साल सन्तों का एक महीने तक जमघट होता।

बचपन का एक रोचक प्रसंग मुझे आज भी याद है। एक विहंगम साधु ऐसा भी आया जो डालटनगंज की सड़कों पर यह बोलते हुए चलता, 'जो हमको खिलायेगा, वही पहले मर जायेगा।' उसकी बात सुनकर मेरी जिज्ञासा जग उठी और एक दिन मैंने घर से दो रोटियाँ ले जाकर उसे थमा दीं। उसने कौतूहल से मुझे देखा और हँसते हुए रोटी लेकर चला गया। उस साधु की बातों के विपरीत मौत मुझे कई बार गले लगाने तो आयी पर उसे निराश होकर लौटना पड़ा। मेरे विरक्त स्वभाव को देखकर मेरी दादी को चिन्ता होती कि कहीं मैं साधु न बन जाऊँ। उन्हें क्या पता था कि मेरे जीवन की कहानी खुद-ब-खुद लिखी जा रही थी।

देश के बँटवारे के दौरान मेरी पढ़ाई बाधित हो गयी थी। मुझे उर्दू का अलिफ़-बे तो आता था लेकिन हिन्दी का क, ख, ग नहीं। मेरा दाख़िला एक प्राथमिक स्कूल में करवाया गया और बँटवारे में गँवाये गये दो सालों के कारण मेरी जन्मतिथि 1940 के बदले 1942 लिखवाई गयी। यह स्कूल हमारे बेलवाटिकर स्थित किराये के मकान के पास नावाटोली में पड़ता था जो अपने नाम के मुताबिक़ एक नया मुहल्ला था। हम सबसे पहले शहर के एक प्रमुख निवासी, धाना मल्लाह के खप्पड़पोश मकान में रहने लगे। बड़ा परिवार होने के कारण मैं बाँस की दोछत्ती पर अपना गुज़ारा करता जो रेलगाड़ी की ऊपरी सीट की तरह प्रतीत होती। उसी पर मैं बैठकर पढ़ता और वहीं पढ़ते-पढ़ते सो भी जाता।

उर्दू की तरह ही हिन्दी से भी मेरा प्रेम-प्रसंग शुरू हो गया। एक साल बाद ही मैं स्कूल की गतिविधियों में सक्रिय भाग लेने लगा। उन दिनों शहर के प्राथमिक विद्यालयों का संचालन डालटनगंज नगरपालिका द्वारा किया जाता था और महीने में एक बार प्रत्येक स्कूल से एक छात्र को भाषण प्रतियोगिता के लिए चुना जाता। मेरे स्कूल के प्रधानाध्यापक सुन्दर बिहारी तिवारी की नज़रों में मैं अच्छा वक्ता था इसलिए उन्होंने भाषण प्रतियोगिता के लिए मुझे चयनित कर लिया। जब मेरा नाम पुकारा गया तो मैं रटे-रटाये हुए भाषण के पहले वाक्य को ही भूल गया और बिना बोले ही बेआबरू होकर लौट आया। लड़कों ने ताली बजाकर मेरा मज़ाक़ तो उड़ाया ही, मेरे प्रधानाध्यापक ने तो मेरे गाल पर थप्पड़ तक जड़ दिया। उस थप्पड़ का ऐसा असर हुआ कि मैंने ज़िन्दगी में फिर कभी रटा हुआ भाषण नहीं दिया।

दो रिफ्यूज़ी बने हमसफ़र

धाना मल्लाह का घर हमारे परिवार के लिए छोटा पड़ रहा था। कुछ साल वहाँ रहने के बाद हमने नावाटोली की पोस्ट ऑफ़िस के पास हलवन्त सहाय, जो नौशी बाबू के नाम से मशहूर थे, का बड़ा मकान किराये पर ले लिया। तब तक मैं ज़िला स्कूल की छठी क्लास में दाख़िला ले चुका था। हमारे नये घर से ज़िला स्कूल भी क़रीब था और कोयल नदी भी। नदी के शिवालय घाट के पास हर साल लगभग एक महीने रामलीला हुआ करती और उस भीड़ का मैं एक स्थायी दर्शक। मुझे रामचरितमानस के कई दोहे और चौपाइयाँ कण्ठस्थ हो गयीं और मैं उन्हें सस्वर गाने भी लगा। वह भी समय का तकाज़ा था। आगे जाकर जे.पी. आन्दोलन और इमरजेंसी के दौरान मुझे लगभग 2 साल जेल में बिताने पड़े जहाँ मैं रामायण सुनाने वाले सिख के नाम से जाना जाने लगा।

पढ़ाई में दो साल पिछड़ जाने की भरपाई मैंने ख़ुद ही कर ली। प्राइमरी स्कूल में तीसरी कक्षा करने के बाद मैंने ज़िला स्कूल की छठी कक्षा में नामांकन करवा लिया। वहाँ के शिक्षकों ने मेरे जीवन पर गहरा असर छोड़ा। उनमें से एक, राम नारायण सिंह, कम्युनिस्ट विचारधारा के थे। वह हरेक कक्षा को लेख और कविताओं की एक हस्तलिखित मासिक पुस्तिका निकालने के लिए प्रेरित करते, जिसका शीर्षक कक्षा की संख्या से जुड़ा होता जैसे पाँचवीं का पंचतत्त्व, सातवीं का सप्तर्षि एवं नौवीं का नवनिधि इत्यादि। संस्कृत के शिक्षक श्रीनाथ पाठक तो मुझे पुत्र के समान मानते थे। वह प्राय: मुझे अपने घर बुलाते और नि:शुल्क संस्कृत तो पढ़ाते ही, तरह-तरह के पकवान भी खिलाते। पेक्ची (अरबी) के पत्तों के बने स्वादिष्ट पकौड़े मैंने पहले कभी नहीं खाये थे। पाठक जी का देहान्त कई साल पहले हो गया है पर वे मेरी यादों में अभी भी ज़िन्दा हैं। मेरा संस्कृत के प्रति इतना लगाव उन्हीं की देन है। संस्कृत ने मेरी हिन्दी भी सुधार दी और देखते-ही-देखते मैं कविताएँ लिखने लगा।

मेरी पहली काव्य-रचना 'पूरन भगत' पर थी, जो पंजाब का एक मशहूर क़िस्सा है। यह क़िस्सा मेरी माँ अक्सर अपनी मधुर आवाज़ में ताली बजाते हुए गाकर सुनाती। इस तरह मेरी सरल स्वभाव की माँ ही मेरे जीवन की पहली प्रेरणा बनी। माना जाता है कि पूरन सियालकोट, जो पाकिस्तान के पंजाब में पड़ता है, के राजा सलवान के एकलौते पुत्र थे। पूरन ने 12 वर्ष तक राजपाट से दूर रहकर शिक्षा ग्रहण की। इस दौरान राजा ने लूना नाम की युवती से दूसरी शादी कर ली। पूरन जब घर लौटा तो लूना, जो लगभग उसी की उम्र की थी, उसकी तरफ़ आकर्षित हो गयी। पूरन के लिए वह माँ के समान थी। आहत होकर लूना ने पूरन पर ग़लत इल्ज़ाम लगा दिया। लूना के बहकावे में आकर सलवान ने अपने ही बेटे को मौत की सज़ा सुना दी। राजा के सिपाहियों ने राजकुमार को अधमरा करके कुएँ में फेंक दिया। वहाँ से बाबा गोरखनाथ का एक जत्था जब गुज़र रहा था तो उन्हें कुएँ के अन्दर से मदद की पुकार सुनाई दी। सन्तों ने उसे बाहर निकाला और बाबा ने उसे दूसरा जीवनदान दे दिया। आगे जाकर राजकुमार पूरन, पूरन भगत के नाम से मशहूर हुआ। राजा सलवान और लूना की कोई सन्तान नहीं हुई। कुछ सालों बाद साधुओं के जत्थे में पूरन भगत सियालकोट गये तो राजा-रानी आशीर्वाद के लिए उनके पास पहुँचे। भगत ने राजा से उनके पहले पुत्र के बारे में पूछा तो लूना फूट-फूट कर रो पड़ी। जब उन्हें पता चला कि पूरन ही साधु बन गया है तो पश्चात्ताप की अग्नि में जल रही लूना ने राजपाट छोड़ दिया और विरक्त हो गयी। इन क़िस्से-कहानियों को मैं बचपन से ही बड़ी दिलचस्पी से सुनता। ऐसा ही एक क़िस्सा वीर कुँवर सिंह का भी था।

उनकी वीरता का प्रभाव मेरे ऊपर कुछ ऐसा पड़ा कि बचपन में पड़े थप्पड़ की झिझक को मिटाते हुए मैं आठवीं क्लास में दोबारा मंच पर चढ़ गया। बेधड़क होकर वीर कुँवर सिंह की जयन्ती पर मैंने उनकी बहादुरी पर लिखी एक कविता सुना डाली। 80 साल की उम्र में वीर कुँवर सिंह ने अंग्रेज़ों के ख़िलाफ़ हुई 1857 क्रान्ति में बिहार के भोजपुर से मोर्चा खोल दिया था। मेरी वह कविता इतनी चर्चित हो गयी कि उसे सुनने की गुज़ारिश अन्य समारोहों में भी होने लगी और मैं 'बाल कवि' के नाम से जाना जाने लगा। उस कविता की पंक्तियाँ यहाँ भी प्रस्तुत कर रहा हूँ :

होता था भारी युद्ध वहाँ, कोई पारावार न पाता था।
जो सम्मुख आता योद्धे के, झट परधाम को जाता था।
तलवारों पै तलवारें चलतीं, मानव का रक्त ही पीती थीं।
पी करके शोणित गोरों का, समरांगण में वे जीती थीं।

इतने में बीर कुँवर सिंह पर, गोली द्वारा प्रहार हुआ।
बाहु पै लगी गोली आकर, तन सारा रक्त की धार हुआ।
गंगा मइया के सम्मुख जा, बोला वह वीर दुःखित होकर।
माँ को सादर प्रणाम किया, झुक चरणों पर बोला रोकर।
ऐ माँ! मैं तो यह चाहता था, गोरों को मज़ा चखा देता।
भारत में कितनी ताक़त है, इसको भी ज़रा दिखा देता।
दुःख के साथ पर कहता हूँ, मैं तेरे लिए कुछ कर न सका।
अपने इस तुच्छ कलेवर को, तेरे चरणों पर धर न सका।
इतना कहकर उस योद्धे ने, निज तन पर तेग चला दी झट।
और काट कर निज बाहु को, गंगा को भेंट चढ़ा दी झट।

तालियों की गड़गड़ाहट उस छोटी-सी उम्र से ही मुझे भाने लगी। जब मैं नौवें वर्ग में पहुँचा तो एक नये प्राचार्य आ गये जिनका नाम पी.सी. राय था। ऊँची क़द-काठी और हृष्ट-पुष्ट शरीर के उस फ़ौज से रिटायर्ड अफ़सर में ऐसा जलवा था कि उन्होंने हमारे स्कूल का नक़्शा ही बदल दिया। प्रातःकाल स्कूल के मैदान में रोज़ ड्रिल होती थी। जो भी विद्यार्थी थोड़ी भी देर से पहुँचता तो राय जी दूर से ही उसको कान पकड़कर, घुटने के बल बैठने का आदेश दे डालते। इस नज़ारे का लुत्फ़ उठाने के लिए रास्ते से गुज़र रहे लोग अक्सर सड़क के किनारे खड़े हो जाते। इस तरह हमारा स्कूल भी एक आर्मी स्कूल की ही तरह अनुशासन से चलने लगा।

बँटवारे के बाद रिफ्यूज़ियों को सरकार ने मुआवजे के तौर पर बेलवाटिका में ज़मीनें आवंटित की थीं। बलवन्त भइया का अपना परिवार भी बड़ा हो चुका था और सरकारी ज़मीन पर उन्होंने अपना घर बना लिया। 1956 में मेरे परिवार ने तालाब के किनारे बसे नावाटोली मुहल्ले में ज़मीन का एक बड़ा प्लॉट ख़रीद लिया जिस पर खप्परपोश मकान था। उसे रहने लायक बनाने में कई महीने लग गये और 1957 में हमारा पक्का मकान तैयार हो गया। सारे परिवार का चूल्हा साझा था। गर्मियों के दिनों में हम बाल्टी के ठण्डे पानी में रखे आमों का लुत्फ़ उठाते। तब तक डालटनगंज में बिजली नहीं आयी थी और शाम को लालटेन से काम चलाना पड़ता था। रात होते ही आँगन में क़तार से चारपाइयाँ बिछ जातीं और हम तारों की छत के नीचे खुली हवा में सोते। मेरे पाँचों बड़े भाइयों की मेहनत रंग लायी और चन्द महीनों के बाद उन्होंने शहर के बीचों-बीच एक ज़मीन ख़रीद कर बड़ी कपड़ा मार्केट का निर्माण कर लिया। ख़ुद तो पाँचों ज़्यादा पढ़े-लिखे नहीं थे लेकिन उन्होंने

तीनों छोटे भाइयों को पढ़ाने में कोई कोर-कसर नहीं छोड़ी। जैसे-जैसे हमारा व्यापार आगे बढ़ता गया, वैसे-वैसे मेरी रुचि पढ़ाई में बढ़ती गयी। मुझसे छोटे भाई प्रीतम ने इंटर पास करने के बाद पढ़ाई छोड़ दी। सबसे छोटा भाई अजीत अंग्रेज़ी में एम.ए. करके लेक्चरर तो बन गया लेकिन वह भी कुछ महीनों बाद व्यापार में ही रम गया।

आठवीं तक मैं प्रथम आया करता था लेकिन नौवीं में एक नये छात्र अंजनी नन्दन सहाय ने मेरी कक्षा में ही दाख़िला ले लिया। वह विलक्षण प्रतिभा का धनी था। न सिर्फ़ अंजनी कविताएँ लिखता, वह पूरी की पूरी पुस्तक कण्ठस्थ कर लेता।

संस्कृत का तो मैं कायल बन ही चुका था, दसवीं कक्षा में एक ऐसा सबब बना कि मुझे उर्दू से भी मोहब्बत हो गयी। उन दिनों पलामू के कमिश्नर (आयुक्त) राँची रहा करते थे। उनका दिल्ली स्थानान्तरण हो जाने पर हमारे स्कूल ने उन्हें भावपूर्ण विदाई दी। उस समारोह में मैंने बालगंगाधर तिलक, जिन्हें लोकमान्य के नाम से जाना जाता है, की जीवनी पर संस्कृत में भाषण दिया। मेरा भाषण खत्म होते ही आयुक्त ने मुझे गले लगा लिया और दिल्ली पहुँच कर पुस्तकों का एक संग्रह भेजा जिसमें संस्कृत में लिखी गयी पंचतत्र, मेघदूतम और हितोपदेश शामिल थे। मेरे एक मुस्लिम सहपाठी मोहम्मद जलील बेग ने उर्दू के मशहूर शायर इब्राहिम ज़ौक़ की ग़ज़ल सुनायी जिसके अल्फ़ाज इतने खूबसूरत थे कि उन्होंने मेरे जीने का नज़रिया ही बदल दिया। रिहर्सल के दौरान मैंने वह ग़ज़ल भी कण्ठस्थ कर ली। ज़ौक कहते हैं...

लाई हयात आये, कज़ा ले चली चले,
अपनी ख़ुशी न आये, न अपनी ख़ुशी चले,
बेहतर तो है यही कि न दुनिया से दिल लगे,
पर क्या करें जो काम न बेदिल्लगी चले,
दुनिया ने किसका राहे-फना में दिया है साथ,
तुम भी चले चलो यूँ ही जब तक चली चले।

एक बार और हॉल तालियों से गुँज उठा। इस तरह धर्म-निरपेक्षता की घुट्टी हमें स्कूल में ही पिलाई गयी।

1958 की मैट्रिक परीक्षा में अंजनी ने पूरे बिहार में टॉप करके एक कीर्तिमान स्थापित किया और उसकी फ़ोटो आज़ भी ज़िला स्कूल के प्रशाल में लगी हुई

है। वह ब्लैक एंड व्हाइट फ़ोटो वक़्त के साथ धूमिल पड़ गयी है पर उससे जुड़ी विडम्बना आज तक मेरे ज़ेहन में ताज़ा है। बिहार में मैट्रिक टॉप करने के पश्चात पता नहीं क्यों वह होनहार छात्र अपना मानसिक सन्तुलन खो बैठा और इंटर में उसे मुझसे एक वर्ष पिछड़ जाना पड़ा।

मैट्रिक की परीक्षा की तैयारी मैंने अपने क़रीबी दोस्त अरविन्द प्रसाद के साथ की। वह एक नामचीन वकील प्रभु दयाल का एकलौता बेटा था। अच्छे अंक प्राप्त करने के बाद हम दोनों ने राँची के प्रतिष्ठित सेंट जेवियर कॉलेज में दाख़िला ले लिया। शायद हॉस्टल में रहते तो धीरे-धीरे मन लग भी जाता। एक वकील मित्र की सलाह पर अरविन्द के पिता ने हम दोनों को उनके रातू रोड स्थित बाग़ीचे में ठहरा दिया जो ऑल इंडिया रेडियो के क़रीब था। आम और लीची के पेड़ों से भरपूर उस बाग़ीचे में सिर्फ़ एक हॉलनुमा कमरा बना हुआ था और शाम पड़ते ही इलाक़ा सुनसान हो जाता। आज के रातू रोड को देखकर उन दिनों के बाग़-बाग़ीचों की कल्पना करना तक मुश्किल है।

एक शाम अरविन्द को किसी कारणवश डालटनगंज जाना पड़ गया और मैं उसे बस में बैठाकर वापस लौट आया। उस रात भारी वर्षा के साथ तूफ़ान भी आया। मैं अकेले सहमा पड़ा था कि देर रात दरवाज़ा खटखटाने की आवाज़ आने लगी। मैं सिहर उठा और दरवाज़े तक जाने की हिम्मत भी नहीं जुटा पाया। फिर चिल्लाने की आवाज़ आयी—"मैं अरविन्द हूँ"। मेरी जान में जान आयी और मैंने दरवाज़ा खोल दिया। उसने बताया कि कुछ ही दूर पहुँचने पर बस ख़राब हो गयी थी, जिस कारण उसे वापस लौटना पड़ा।

घर से पहली बार दूर रहने के कारण हम दोनों उदास तो थे ही, उस वीरानगी में हमारा मन और विचलित हो गया। दोनों ने सेंट जेवियर कॉलेज छोड़ दिया और डालटनगंज में नये खुले जी.एल.ए. कॉलेज में अपना नामांकन करवा लिया। सन्तानहीन होने के कारण शहर के एक धनाढ्य व्यापारी गणेश लाल अग्रवाल ने अपनी ज़मीन पर शहर के बच्चों को ऊँची शिक्षा देने के लिए कॉलेज खोल दिया था। जो अब सरकारी हो चुका है।

हमारी इस बचकानी हरकत पर संगी-साथी हमारा काफ़ी मज़ाक़ उड़ाया करते थे लेकिन आई.एस.सी. में हम दोनों के अंकों ने आलोचकों का मुँह तो बन्द करवा ही दिया, जी.एल.ए. कॉलेज की साख भी बढ़ गयी। आज के विद्यार्थी या अभिभावक जब नामी-गिरामी स्कूल और कॉलेज में दाख़िला लेने के लिए परेशान होते हैं तो मैं उन्हें अपनी कहानी सुनाकर समझाता हूँ कि कोई भी छात्र अपनी मेहनत

से नाम कमाता है। एक नामी संस्था ज़ीरो को हीरो नहीं बना सकती लेकिन एक होनहार विद्यार्थी अपनी संस्था का नाम ज़रूर मशहूर कर सकता है।

1960 में विज्ञान से इंटर करने के बाद मेरी इच्छा थी कि मैं अंग्रेज़ी या हिन्दी साहित्य में ऑनर्स करूँ। अरविन्द शुरू से ही इंजीनियर बनना चाहता था इसलिए मेरे से कम मार्क्स पाने के बावजूद उसने समय पर बिहार इंस्टीट्यूट ऑफ़ टेकनोलॉजी (बी.आई.टी.), सिन्दरी में अपना नामांकन करवा लिया और उसे मनचाही इलेक्ट्रीकल ब्रांच भी मिल गयी। मैं उधेड़बुन में पड़ा रहा क्योंकि मेरा रूझान काव्य और साहित्य की ओर भी था।

उन दिनों प्रधानमन्त्री जवाहरलाल नेहरू का देश के युवाओं को एक ही पैग़ाम था—नये भारत के मन्दिर कारख़ाने होंगे और पुजारी इंजीनियर। उनके इस नारे का ऐसा असर पड़ा कि युवकों में इंजीनियर बनने की होड़-सी मच गयी। ऐसे उन्मादित माहौल में मेरा साहित्य की तरफ़ जाना मूर्खता ही माना जाता। आख़िरकार मैंने भी बी.आई.टी. सिन्दरी में जाने का मन बना लिया।

विलम्ब से जाने के कारण सभी प्रमुख शाखाएँ भरी जा चुकी थीं। सिर्फ़ टेलीकम्युनिकेशन—आधुनिक युग में आई.टी.—में मात्र एक सीट बची थी और मुझे अपना नामांकन उसी में करवाना पड़ा। टेलीकम्युनिकेशन में ज़्यादातर लड़कियाँ जाती हैं लेकिन मेरे कॉलेज में उस समय एक भी लड़की नहीं पढ़ती थी। बी.आई. टी. सिन्दरी देश के प्रमुख इंजीनियरिंग कॉलेजों में गिना जाता था। वहाँ के डायरेक्टर डी.एल. देशपाण्डे एक रसूखदार व्यक्ति थे जो बिहार के तत्कालीन मुख्यमन्त्री श्रीकृष्ण सिन्हा के काफ़ी क़रीबी थे। उनके कार्यकाल में कॉलेज का काफ़ी तेज़ गति से विकास हुआ।

एक वर्ष बाद अंजनी ने भी हमारे कॉलेज में ही अपना नाम दर्ज कराया और एक साधारण विद्यार्थी की तरह 1965 में इंजीनियरिंग की डिग्री प्राप्त कर ली। अंजनी का दुर्भाग्य यहीं नहीं रुका। पढ़ाई पूरी करने के कुछ ही महीने बाद चेचक से पीड़ित होकर उसका निधन हो गया।

1962 में मैं इंजीनियरिंग के दूसरे वर्ष में था जब मेरी शादी की बात चल पड़ी। पहले लड़की की माँ अपने मामा वरयाम सिंह के साथ मुझे देखने डालटनगंज आयीं। कुछ समय बाद मैं भी लड़की को देखने उसके मामा के घर गया जो दिल्ली के करोल बाग में रहते थे। कुछ वर्ष पहले मेरी एकलौती बहन सुरिन्द्र कौर की शादी बैंकॉक (थाईलैंड) के एक व्यवसायी परिवार में हो चुकी थी। मेरी बहन और बहनोई, सेठ तरण सिंह भी मेरे साथ थे। लड़की उस वक़्त दिल्ली यूनिवर्सिटी के

खालसा कॉलेज के पहले वर्ष में थी। मेरे इंजीनियरिंग कॉलेज में चूँकि लड़कियाँ नहीं थीं इसलिए दिल्ली की लड़की को जब मुझे मिलने जाना था तो शायद लड़की से ज़्यादा मैं ही घबराया हुआ था। बड़े-बुजुर्गों ने हामी भर दी और हमारी कुड़माई (सगाई) हो गयी। मैं लड़की को दोबारा मिलना चाहता था और उसके मामा जी के घर पहुँच भी गया लेकिन उन्होंने दो टूक जवाब देकर उसका पता बताने से इनकार कर दिया—"काका, लड़कियाँ बार-बार नहीं देखी जातीं।"

कहा जाता है 'मैरिजेस आर मेड इन हैवन' —शादियाँ स्वर्ग में तय की जाती हैं। दो रिफ्यूज़ियों के हमसफ़र बनने का सबब पहले ही तय हो चुका था। मलविन्दर का परिवार भी मेरी ही तरह पाकिस्तान के शेखुपुरा शहर से बेघर होकर भारत आया था। अंग्रेज़ों ने 17 अगस्त 1947 को पंजाब और बंगाल के बँटवारे का ऐलान कर दिया। उसका परिवार पाकिस्तान में पड़ने वाले पंजाब के एक कोने में था और मेरा दूसरे। क़िस्मत ने कुछ ऐसा खेल खेला कि हमारा परिवार बचते-बचाते जम्मू पहुँच गया लेकिन शेखुपुरा में अचानक साम्प्रदायिक दंगे भड़क जाने से मलविन्दर का परिवार समय रहते वहाँ से निकल नहीं पाया। अगस्त के आख़िरी दिनों में भारी बरसात हो रही थी जब ट्रकों का एक काफ़िला शेखुपुरा से अमृतसर के लिए निकला लेकिन रास्ते में ही उस पर दंगाइयों ने हमला बोल दिया। औरतें और बच्चे आगे के ट्रकों में थे और पीछे के ट्रकों में मर्द। कइयों को तो वहीं मौत के घाट उतार दिया गया और कई पास के गन्ने के खेतों में जा छिपे। मेरी सास सन्त कौर अपने चार छोटे बच्चों और बूढ़ी माँ के साथ कई दिनों तक पड़ोस के सिख एवं मुस्लिम गाँवों में छिपते-छिपाते रही लेकिन मलविन्दर के पिता गुरदयाल सिंह अपने परिवार से इस क़दर बिछड़े कि फिर कभी मिल नहीं पाये। ऐसे ही दर्दनाक हमले भारत से पाकिस्तान को जा रहे मुस्लिम शरणार्थियों के जत्थों पर भी हुए। औरतों और बच्चों की जानों को बेशक बख़्श दिया जाता लेकिन मर्दों को नहीं। यह ख़ूनी खेल तब तक चला जब तक पूरी मानवता की रूह नहीं काँप उठी। भारत और पाकिस्तान की नयी सरकारों ने आख़िरकार दंगाइयों पर क़ाबू पाया और शरणार्थियों को पूरी सुरक्षा का आश्वासन दिया।

मेरी सास ने लम्बे समय तक अपने पति का इन्तज़ार किया लेकिन कम उम्र में चार छोटे बच्चों की माँ होने के कारण पुराने पंजाबी रीति-रिवाज़ के अनुसार परिवार के बुजुर्गों ने उनकी शादी देवर से करा दी। इस पुनर्विवाह की प्रथा को पंजाबी में 'चादर' कहा जाता है। इससे विधवा को उसी घर में सुहागन का दर्जा वापस मिल जाता और उसके बाल-बच्चों को पारिवारिक सम्पदा में हिस्सा भी। मेरी बीवी का

दूसरा भाई निर्मलजीत सिंह नरूला इसी शादी के बाद पैदा हुआ। किसे पता था कि वह आगे जाकर 'निर्मल बाबा' के नाम से मशहूर होगा।

1964 में प्रथम श्रेणी से इंजीनियरिंग की डिग्री मिलते ही मुझे अपने ही कॉलेज में लेक्चरार की नौकरी मिल गयी। पुरातनपन्थी परिवार होने के कारण सगाई से शादी तक मेरा और मलविन्दर का कोई पत्राचार नहीं हुआ। 10 सितम्बर 1964 को हमारा विवाह 41 अन्य जोड़ों के साथ लुधियाना ज़िले के भैनी साहिब गाँव में सम्पन्न हुआ जो नामधारी समाज का मुख्यालय है।

सामूहिक विवाह करने की परम्परा नामधारी पन्थ के संस्थापक सद्‌गुरु राम सिंह ने की थी जो 19वीं शताब्दी के शुरुआत में पैदा हुए थे। समाज में फैल रही कुरीतियों को दूर करने के लिए उन्होंने एक नयी विचारधारा को शुरू किया जिसमें शाकाहार, सादगी और देहधारी गुरु का सामंजस्य था। पंजाब में लड़कियों की भ्रूण हत्या को रोकने के लिए सामूहिक विवाह किये जाने लगे और प्रत्येक शादी पर मात्र तेरह रुपये का ख़र्चा होता। लोगों को जानकर हैरत होगी कि आज भी उसी सादगी से सभी जोड़े सफ़ेद लिबास में अहले सुबह अग्नि के चार फेरे लेकर अपने दाम्पत्य जीवन की शुरुआत करते हैं। आज के दिन इस सादगीपूर्ण विवाह में भी विकृतियाँ आ चुकी हैं और विवाह के पूर्व और बाद में होटलों में बड़ी-बड़ी पार्टियाँ होने लगी हैं।

शादी के बाद पहली बार मायके जाने पर मलविन्दर ने लुधियाना से मुझे एक पत्र लिखा जिसकी अन्तिम पंक्ति थी—लव मी लिट्‌ल, बट लव मी लौंग।

मैं उसकी इस ख़्वाहिश पर काफ़ी हद तक खरा उतरा हूँ। अधिकतर जेल और रेल में रहने के कारण मैंने उस पर प्रेम भले ही कम बिखेरा हो लेकिन लगभग छह दशकों की लम्बी वैवाहिक यात्रा हमने साथ में बाखूबी तय की है।

धर्म एवं राजनीति में कशमकश

धर्म से मेरा नाता महज़ नाम का नहीं था। मैं ऐसे परिवार में पैदा हुआ जहाँ हर सर्दियों में सन्तों का जत्था आता और गुरुग्रन्थ साहिब के 1430 पृष्ठों के दर्जनों अखण्ड पाठ होते। कथा-कीर्तन के बाद मैं सन्तों के साथ धर्म पर चर्चा भी करता और साधना भी। मेरे पिताजी अक्सर कहते कि मनुष्य को पहले अपना घर-बार देखना चाहिए, फिर रिश्तेदारों की मदद करनी चाहिए और उसके पश्चात सामाजिक सेवा में लग जाना चाहिए। अपनी कथनी को उन्होंने करनी में भी बदला। जैसे ही उनके बेटों ने व्यापार में पैर जमा लिए पिताजी ने सगे-सम्बन्धियों को डालटनगंज बुला लिया और व्यापार स्थापित करने में पूरा सहयोग दिया। जीवन के आख़िरी दस साल उन्होंने दान-पुण्य में लगाये और अपने जीते-जी नावाटोली में नामधारी गुरुद्वारा भी बनवाया जिसे वे अपना असली घर कहा करते थे। हर रोज़ ब्रह्मवेला में वे गुरुद्वारा कथा-कीर्तन सुनने जाते। वे सनातन धर्म के प्रचारकों के विचार सुनने विष्णु मन्दिर भी जाते और उन्हें भोजन पर भी आमन्त्रित करते। धर्म निरपेक्षता का पहला पाठ मुझे मेरे माता-पिता ने ही दिया। समय-समय पर वह ग़रीबों में अनाज बाँटते और हर सर्दी के मौसम में कम्बल और कपड़े लेने के लिए तो घर पर लम्बी क़तारें लग जातीं।

घर के इस वातावरण का मुझ पर ऐसा प्रभाव पड़ा कि बचपन से ही मेरी प्रवृत्ति वैराग्य की ओर जाने लगी और रुचि अध्यात्म की ओर। चौदह वर्ष की छोटी उम्र में ही मैं नामधारियों के मुख्यालय भैनी साहब में एक महीने की कड़ी साधना में शामिल हो गया। हर आठ घंटों के बाद, दो घण्टे के लिए जाप करना पड़ता, और 'शोध' के कठोर नियमों का पालन भी। शोध का अर्थ है, पूर्ण रूप से शुद्ध होना। खाना बनाने और पीने के लिए सिर्फ़ नदी या कुआँ का पानी इस्तेमाल करना, ब्रह्मवेला (सिखों में अमृतवेला) में केश सहित स्नान के बाद जाप करना। भोजन की थाली को हथेली या लकड़ी की चौकी पर रखकर भोजन करना और थाली ख़ुद ही धोना। आदत न होने के कारण, मैंने एक बार थाली ज़मीन पर रख दी तो मुझे दोबारा स्नान करने

के लिए भेज दिया गया। मैंने पूरी निष्ठा से 'शोध' का पालन कई वर्षों तक किया। चाय को मादक पेय समझकर ता-उम्र उसका सेवन नहीं किया और अपना लिबास प्राय: सफेद कुर्ता और चूड़ीदार पैजामा ही रखा।

स्कूल में पढ़ते वक़्त जो भी थोड़े बहुत जेब ख़र्च के लिए पैसे मिलते, मैं धार्मिक किताबें ही ख़रीदता। कभी कविताएँ लिखता तो कभी एकान्त में नदियों, जंगलों में घूमता। मेरी दादी को अक्सर चिन्ता होती कि मैं कहीं साधु ही न बन जाऊँ। अपने पिता और बड़े भाइयों की तरह व्यवसाय में भी रुचि न होने के कारण मैं इंजीनियर तो बन गया लेकिन नौकरी में मेरा मन बेचैन रहता।

हम एक संयुक्त परिवार में रहते थे और मैं पहला था जो नौकरी के लिए घर से बाहर निकला। मेरे माता-पिता पुरातनपन्थी विचारों के थे। उनकी ख़्वाहिश थी कि नयी दुल्हन डालटनगंज में ही रहे। नौकरी के कारण मुझे सिन्दरी रहना पड़ता जिससे मलविन्दर अकेले उदास रहने लगी। मुझे सिन्दरी गये दो-तीन दिन ही हुए थे कि उसका टेलिग्राम आया जिसमें लिखा था, "सीरियसली इल, कम सून (मैं सख़्त बीमार हूँ, जल्द पहुँचें)।" मैं अगली गाड़ी से अहले सुबह डालटनगंज पहुँच गया। पिताजी ने मुझे देखते ही कहा, "इतनी जल्दी कैसे आ गये?" मैंने जब अपनी पत्नी की तार का ज़िक्र किया तो उन्होंने अपने माथे को ठोंका और हँसते हुए कहा, "शक्ल मोमिना दी, काम काफ़िरां दे (मुँह की भोली-भाली है लेकिन दिमाग़ की खुराफ़ाती)।" ख़ुदा में विश्वास करने वाले को मोमिन और न मानने वाले को काफ़िर कहते हैं, इसीलिए मुस्लिमों में मोमिन अच्छाई और काफ़िर बुराई का प्रतीक माना जाता है। पाकिस्तान के मुस्लिम बाहुल्य गाँव में पले-बढ़े होने के कारण हमारे बड़े-बुजुर्गों की बोलचाल और कहावतें भी वहीं की थीं। मलविन्दर पर्दे के पीछे खड़ी मुस्कुरा रही थी।

पढ़ाने में गहरी रुचि होने के बावजूद डालटनगंज और सिन्दरी आने-जाने की मजबूरी से मैंने नौकरी छोड़ने का इरादा कर लिया। मैंने अपने मन की बात अपने एक क़रीबी प्रोफ़ेसर से कर दी जो विभागाध्यक्ष एम.एन. बैनर्जी के कानों तक जा पहुँची। उन्होंने मुझे बुलाया और ग़ुस्से में कहा, "हैव यू गॉन क्रेजी (क्या तुम पागल हो गये हो)।" वे गम्भीर और कम बोलने वाले प्रोफ़ेसर थे। उनकी बात का सम्मान रखते हुए सिन्दरी न छोड़ने का वचन तो मैंने दे दिया लेकिन कुछ ही दिनों बाद, मैंने तीन महीनों की तनख़्वाह छोड़कर चुपके से डालटनगंज की ट्रेन पकड़ ली। न मैं दोबारा बैनर्जी साहब के सामने जाने की हिम्मत ही जुटा पाया, और न तीन महीनों की तनख़्वाह माँगने की, जो आज तक बकाया है।

तब कहाँ पता था कि एक दिन झारखण्ड विधानसभा का स्पीकर बनकर मैं किसी कार्यक्रम में मुख्य अतिथि के रूप में सिन्दरी वापस जाऊँगा। मैंने अपनी स्पीच में मुस्कुराते हुए जब अपने बकाया वेतन का ज़िक्र किया तो तत्कालीन डायरेक्टर ने भी मुस्कुराते हुए नहले पर दहला मार दिया और कहा, "सर, बीस वर्षों के बाद तो बकाया राशि तमादी कर दी जाती है।"

शायद मैं पहला बीआईटीएन होऊँगा जो जवानी में चुनावी राजनीति में कूद पड़ा। मेरा मित्र अरविन्द इंजीनियर बनकर टाटा की एक बड़ी कम्पनी, टिस्को में नियुक्त हो गया था। लगभग तीस वर्षों तक टिस्को में विभिन्न ऊँचे पदों पर रहकर उसने अवकाश ग्रहण किया और अपने पुत्र बाबुल के साथ हैदराबाद रहने लगा। मेरे अज़ीज़ दोस्त ने 69 की उम्र में कैंसर से हार मान ली पर दुनिया से जाने के पहले डालटनगंज कोयल नदी के किनारे स्थित अपनी क़ीमती पैतृक ज़मीन के एक प्लॉट को दान कर गया। आज के दिन वहाँ एक भव्य चित्रगुप्त मन्दिर का निर्माण किया जा चुका है।

मैंने प्रोफ़ेसर की नौकरी तो आनन-फानन में छोड़ दी लेकिन कटी पतंग की तरह घर लौट आने पर अक्सर मुझे "घर के बुद्धू घर को आये" जैसे व्यंग्य-वाणों का सामना करना पड़ता। जी.एल.ए. कॉलेज के भौतिक शास्त्र के विभागाध्यक्ष शारदा प्रसाद को जब पता चला कि मैं घर लौट आया हूँ तो उन्होंने मुझे बुलाकर कहा, "घर बैठकर क्या करोगे? बी.एससी में भौतिक शास्त्र को पढ़ाने के लिए हमें एक और प्रोफ़ेसर की ज़रूरत है, तुम ही उन्हें क्यों नहीं पढ़ा देते।" मैंने कई महीनों तक वहाँ निःशुल्क पढ़ाया। मेरे इंजीनियर बनने से बड़े भाइयों को गर्व तो था पर वे व्यापार को हमेशा नौकरी से ज़्यादा तरजीह यह मान कर देते थे कि अपने काम में स्वतन्त्रता भी ज़्यादा होती है और कमाई भी। आपस में सलाह-मशविरा करके उन्होंने मेरी सहमति से डालटनगंज के रेड़मा में एक तेल मील और आरा मील (लकड़ी काटने की मशीन) को ख़रीदकर मेरे ज़िम्मे डाल दिया। शायद वे मेरी इंजीनियरिंग की पढ़ाई को मशीनों से जुड़े कारोबार में इस्तेमाल करना चाहते थे। हरिलाल लाठ हमारे परिवार के आयकर (इनकम टैक्स) अधिवक्ता थे। जब मैं उनसे इनकम टैक्स रिटर्न भरवाने जाता तो वे मुस्कुरा के तंज़ कस देते—"पढ़े फ़ारसी बेचे तेल, देखो यह क़िस्मत का खेल।" उस समय क्या पता था कि क़िस्मत मुझे और कौन-कौन-से खेल खिलवाने वाली है।

शादी के साथ ज़िम्मेवारी भी बढ़ी और 1966 में मेरी पहली बेटी सुदर्शन का जन्म हुआ। इससे पहले कि मैं व्यापार में पैर जमा पाता, परिस्थितियाँ कुछ ऐसी

बनीं कि मेरे क़दम सामाजिक कार्यों की तरफ़ बढ़ने लगे। उसी वर्ष बिहार भयंकर अकाल की चपेट में आ गया। पलामू में भी मवेशियों के चारा और ग़रीबों को अनाज के लाले पड़ गये। 1960 के दशक की शुरुआती दौर में हमारे परिवार का व्यापार बुलन्दियों पर था। मेरे पढ़े-लिखे होने के कारण पाँचों बड़े भाई मेरा हर सुझाव गम्भीरता से लेते। मैंने जब उन्हें इस कठिन दौर में ग़रीबों की मदद करने का मशविरा दिया तो वे सहमत हो गये। हरियाणा के सिरसा ज़िले में नामधारियों का दूसरा डेरा पड़ता है। सिरसा से मालगाड़ी में कई वैगन भूसा और हज़ारों क्विंटल चावल मँगाया गया। शहर और आसपास के गाँवों में ज़रूरतमन्दों को राशन कार्ड बनाकर उसे सस्ते दाम पर बाँटा जाने लगा। लोगों की भीड़ सँभाले नहीं सँभलती थी लेकिन हमने तीन महीनों तक मुहिम जारी रखी। इस दौरान मैं हज़ारों लोगों के सम्पर्क में आ गया जिनमें शहर एवं आस-पास के गाँव के कई जाने-माने लोग भी शामिल थे।

इस सामाजिक कार्य के बाद स्थानीय लोग मुझे हसरत की निगाह से देखने लगे। उस समय कोयल नदी पर पुल नहीं था इसलिए चैनपुर प्रखण्ड के लोगों ने गाँव में एक उच्च विद्यालय स्थापित करने का आग्रह किया क्योंकि बरसात के दिनों में बच्चे डालटनगंज आ ही नहीं पाते थे। मैंने अपने पिता से आग्रह किया कि चैनपुर के लोग ज़मीन देने के लिए तैयार हैं और उनकी मांग है कि एक उच्च विद्यालय की स्थापना की जाये। पिताजी ने सहर्ष स्वीकृति प्रदान की और उच्च विद्यालय का शिलान्यास नामधारी सम्प्रदाय के सद्गुरु जगजीत सिंह के कर कमलों से करवाया गया। वे घोड़े पर सवार होकर चैनपुर पहुँचे थे और उन्हीं के आदेश से स्कूल का नाम सद्गुरु प्रताप हरि उच्च विद्यालय रखा गया। सद्गुरु जगजीत सिंह के पिता का नाम प्रताप सिंह तथा दादाजी का हरि सिंह था। विद्यालय का नाम सद्गुरु प्रताप हरि उच्च विद्यालय रखा गया जो अब राजकीयकृत हो चुका है।

उन दिनों राष्ट्रीय स्वयंसेवक संघ (आर.एस.एस.) का गो-रक्षा आन्दोलन भी ज़ोर पकड़ रहा था। गुरु गोविन्द सिंह ने अपनी वाणी में लिखा है कि—"यही आस पूरी करो तुम हमारी, मिटे कष्ट गऊअन, छूटे खेद भारी।" अर्थात् हे ईश्वर ! गायों पर हो रहे ज़ुल्मों को दूर कर मेरी इस एकलौती माँग को पूरा करो। एक कट्टर शाकाहारी सम्प्रदाय होने के कारण नामधारियों का भी गो-रक्षा में बहुत बड़ा योगदान रहा है। नामधारी पन्थ के संस्थापक सद्गुरु राम सिंह अंग्रेज़ों की हुकूमत के ख़िलाफ़ असहयोग आन्दोलन छेड़ने वाले पहले भारतीय थे। उन्होंने 19वीं सदी के मध्य में ही पंजाब में अंग्रेज़ों की डाक सेवा, पहनावा एवं स्कूलों का बहिष्कार का नारा बुलन्द

कर दिया था। मेरा मानना है कि हिन्दू एवं मुस्लिम एकता को छिन्न-भिन्न करने के लिए अंग्रजों ने पंजाब के कई शहरों में बुच्चड़खाने खुलवा दिये थे जिससे नामधारियों की धार्मिक भावनाओं को गहरी ठेस पहुँची। 1871 में पहले अमृतसर में हिंसक वारदातें हुईं और फिर मलेरकोटला में। उस उन्मादित वातावरण में सद्गुरु राम सिंह ने अपने अनुयायियों को संयम बरतने की राय दी लेकिन भावुक होकर शिष्यों के एक समूह ने मलेरकोटला के पदाधिकारियों पर हमला बोल दिया।

इस बग़ावत को दबाने के लिए लुधियाना के अंग्रेज़ कलेक्टर, जॉन लैम्बर्ट कोवान ने 66 नामधारी श्रद्धालुओं को मलेरकोटला में बिना किसी सुनवाई के तोपों से उड़वा दिया था। गुरुजी को देश-निकाला देकर रंगून की जेल में डाल दिया गया जहाँ से वे फिर कभी भारत नहीं लौट पाये। मलेरकोटला में हुए नरसंहार में एक 12 साल का किशोर बिशन सिंह भी मौजूद था। उसे देखकर कोवान दम्पति के दिल में दया आ गयी और उन्होंने उसे माफ़ी दे दी। बिशन सिंह ने खैरात में दी गयी माफ़ी को स्वीकार नहीं किया और मिस्टर कोवान को ललकार दिया। उसे भी गोलियों से भून दिया गया। उसी नरसंहार में वरयाम सिंह नाम का एक अन्य युवक भी शामिल था जो माना जाता है कि पटियाला के महाराजा का रिश्तेदार था। उसको बचाने के लिए यह बहाना खोजा गया कि उसका क़द तोप की मुँह से छोटा है। जब वरयाम सिंह को यह बताया गया तो उसने बगल में पड़ी ईंटों और पत्थरों पर खड़े होकर तोपों का सामना किया।

जिन लोगों ने मलेरकोटला में हुई इस बर्बरता को आँखों देखा, वे नामधारियों की बहादुरी और कुर्बानी को देखकर चकित रह गये। इस दुर्दान्त घटना का ज़िक्र कलकत्ता से छपने वाली अमृत बाज़ार पत्रिका के सिवा किसी अन्य अख़बार ने नहीं किया। देश की आज़ादी के बाद मलेरकोटला के उसी स्थान पर एक भव्य स्मारक बन चुका है और उन 66 शहीदों की कुर्बानी 66 फ़ीट के एक स्तम्भ (पंजाबी में कांडा) का मूर्तरूप धारण कर चुकी है। उस स्तम्भ में 66 छेद हैं—हर उस शहीद के नाम जिसे तोपों से भून दिया गया।

मेरे बड़े भाई कृपाल सिंह कई वर्षों से डालटनगंज की गोशाला के सेक्रेटरी बनते आ रहे थे। हरेक गोपाष्टमी के दिन वहाँ एक मेला लगता। 1966 के समारोह में कृपाल भइया मुझे भी अपने साथ ले गये। वहाँ बड़ी संख्या में शहर के गणमान्य लोग उपस्थित थे जिनमें कई आर.एस.एस. से जुड़े हुए थे। मुझे जब कुछ बोलने को कहा गया तो मैंने हिन्दू शास्त्रों से लेकर गुरु गोविन्द सिंह की वाणी के साथ-साथ नामधारियों की क़ुर्बानी का भी उल्लेख किया तो ज़ोरदार तालियों से सारा मैदान

गूँज उठा। मेरे बड़े भाई अमर सिंह तो मस्ताने होकर झूमने लगे। इसी दौरान हमारे मुहल्ले के एक उभरते वकील रघुबीर प्रसाद से भी मेरी नज़दीकियाँ बढ़ रही थीं। वह आर.एस.एस. के पक्के अनुयायी तो थे ही, उनका गला भी बहुत मधुर था। संघ के कार्यक्रमों की शुरुआत अक्सर उनके देशभक्ति के गीतों से ही हुआ करती थी। मुझे जनसंघ के क़रीब लाने में उनकी अहम भूमिका रही।

तब भारतीय जनसंघ का पलामू में नया-नया आगमन हुआ था। संगठन के प्रमुख चिन्तक दीनदयाल उपाध्याय जब डालटनगंज आये तो रघुबीर बाबू मुझे भी अपने साथ साहित्य समाज पुस्तकालय के प्रशाल में ले ग़ये। उन दिनों देश के बेरोज़गार युवा आक्रोश में थे और आगजनी की ख़बरें सुर्खियों में रहा करतीं। उपाध्याय जी ने बड़े ही आकर्षक ढंग से पूछा, "यदि लक्ष्यहीन युवाओं को राष्ट्र-निर्माण के काम में लगा दिया जाये तो वे तोड़-फोड़ का रास्ता क्यों अपनाएँगे?" उनका बौद्धिक सुनकर मैं इतना प्रभावित हुआ कि मेरा जनसंघ के प्रति झुकाव और बढ़ गया। इस तरह 1966 ने मेरे जीवन की दिशा ही बदल दी।

अगले साल 1967 में बिहार चुनाव का बिगुल बज गया और संघ के कई प्रमुख सदस्यों ने मेरा नाम भी उछाल दिया। न चाहते हुए भी मैं पटना से आयी एक इंटरव्यू कमिटी के सामने पेश हो गया। सभी टिकटार्थियों के साक्षात्कार के बाद समिति ने मेरे नाम की घोषणा कर दी तो मेरा परिवार हैरान हो गया। हर बार की तरह इस बार भी मेरे भाइयों ने मेरे निर्णय का सम्मान रखा। मेरे चौथे भाई महेन्द्र ने तो कपड़े की दुकान पर बैठे-बैठे ज़ोर-शोर से मेरा प्रचार करना भी शुरू कर दिया। उन दिनों जनसंघ का मुख्य नारा था "धर्म, धेनु, धन एवं धरती की रक्षा के लिए जनसंघ को वोट दें"। किसे पता था कि दीवारों पर लिखे गये यह नारे आज के वक़्त की तकदीर लिखेंगे। जनसंघ के इन नारों पर कम्युनिस्ट पार्टी के प्रत्याशी प्रो. बी.पी. वाजपेयी मुझ पर अक्सर यही तंज़ कसा करते कि, "नामधारी अपने धन की रक्षा करने के लिए ही राजनीति में आये हैं।"

1967 के पहले चुनाव में मेरा सीधा मुक़ाबला सोशलिस्ट पार्टी के स्थापित नेता पूरन चन्द से हुआ जो अपने चुनाव-चिह्न बरगद की तरह डालटनगंज की जनता पर छाये हुए थे। जीत पूरन चन्द की हुई लेकिन एक सिख के द्वितीय स्थान पर आने से बिहार की राजनीति में एक नया अध्याय शुरू हुआ।

जनसंघ से मेरी बढ़ती नज़दीकियाँ नामधारी पन्थ के तत्कालीन सद्गुरु जगजीत सिंह के मन मुताबिक़ नहीं थीं। सद्गुरु राम सिंह के निर्वासन के बाद गुरुगद्दी उनके छोटे भाई हरि सिंह को मिली। कुछ ही सालों के अन्तराल में उनके पुत्र प्रताप

सिंह गुरुगद्दी पर विराजमान हो गये। आज़ादी की लड़ाई में वे जवाहर लाल नेहरू और महात्मा गाँधी के काफ़ी क़रीब आ गये। देश के विभाजन के पूर्व लाहौर में हुए कांग्रेस के महासम्मेलन में गाँधी जी और नेहरू के बुलाने पर नामधारी समाज भी बड़ी संख्या में शरीक हुआ। उनके पुत्र सद्गुरु जगजीत सिंह को कांग्रेस की घनिष्ठता विरासत में मिली।

व्यावसायिक समुदाय होने के कारण नामधारियों में शिक्षा का तब ज़्यादा महत्त्व नहीं था। युवाओं में शिक्षा के प्रचार के लिए सद्गुरु जगजीत सिंह ने देश के अलग-अलग शहरों में विद्यक (पढ़े-लिखे युवकों) के सम्मेलन शुरू किये जिनमें मैं काफ़ी सक्रिय रहने लगा। गुरुजी इतने प्रभावित हुए कि डाक या फ़ोन से मुझे समय-समय पर उनका बुलावा आ जाता और मैं श्रद्धा से वहाँ चल पड़ता।

मेरे प्रति गुरुजी का स्नेह इतना बढ़ गया कि अपने डालटनगंज प्रवास के दौरान एक दिन उन्होंने मेरे पाँचों बड़े भाइयों के साथ पिताजी को बैठाकर कहा, "मैं आपसे आज कुछ माँगना चाहता हूँ।" पिताजी ने हाथ जोड़कर बड़ी विन्रमता से जवाब दिया, "आप उल्टी गंगा क्यों बहा रहे है? हमलोग तो सबकुछ आपसे ही माँगा करते हैं।" गुरुजी ने मुस्कुराकर कहा, "पहले हाँ कहिए तब माँगूँगा।" पिताजी ने घबराकर कहा, "हुक्म कीजिए।" गुरुजी ने फरमाया, "अपने पुत्र इन्दर सिंह को मुझे सौंप दीजिए।" पिताजी ने अश्रुपूर्ण आँखों से "जी हाँ" कह दिया।

मैंने अपने पिताजी के वचन को निभाने की पूरी कोशिश की। मैं गुरुजी के साथ देश-विदेश के दौरों पर भी गया और उनके मुख्यालय भैनी साहिब भी आता-जाता रहा। अपने डेरे में उन्होंने एक बार मुझे अपने हाथों से रोटी तक बनाकर खिलाई। उनमें एक ऐसा आकर्षण था जो किसी को भी अपनी ओर खींच लेता। अलौकिक शक्तियों से मेरा पहला साक्षात्कार इसी दौरान हुआ। मुझे वह प्रसंग आज तक याद है जब गुरुजी मुझे साथ लेकर हरियाणा के जीवन नगर स्थित अपने छोटे भाई महाराज बीर सिंह के डेरे से लौटकर पंजाब आ रहे थे। वे जब भी वहाँ जाते, फलों के बाग़ीचे के बीच बने एक वृद्धाश्रम में जाकर बुजुर्गों का हाल-चाल ज़रूर पूछते। एक शाम जब वे सभी वृद्धों से मिलकर वापस चल पड़े तो आठ-नौ किलोमीटर चलने के बाद उन्होंने ड्राइवर को गाड़ी वापस करने का आदेश दिया। आश्रम में पहुँचकर उन्होंने एक श्रद्धालु का नाम पुकारा। गुरुजी को देखकर उसकी आँखों में आँसू भर आये और वह रोते हुए बोल पड़ा, "आपने मुझसे हाल-चाल तक नहीं पूछा।" गुरुजी ने जवाब दिया, "तुम्हारे कारण कई मीलों दूर जाकर, वापस भी तो आया हूँ।" आगे जाकर रूहानी ताक़तों से मेरा सामना और दिलचस्प होने वाला था।

गुरुजी शास्त्रीय संगीत के केवल प्रेमी ही नहीं, ज्ञाता भी थे। मुझे उनके साथ शहनाई वादक बिस्मिल्ला ख़ाँ एवं सरोद वादक अमजद अली ख़ान को सुनने का मौक़ा मिला। हर साल भव्य संगीत सम्मेलनों का आयोजन होता और नये-नये कलाकारों को मौक़ा दिया जाता। मशहूर ग़ज़ल गायक जगजीत सिंह भी नामधारी पन्थ की इसी संगीतीय विरासत की उपज थे। कई और नामधारी युवकों ने भी तबला वादक एवं संगीतज्ञ के रूप में ख्याति पायी है।

धर्म के प्रति मेरी निष्ठा पक्की थी लेकिन भेदभाव की रस्मों ने मेरी आस्था को गहरी ठेस पहुँचाई। भैनी साहिब में एक सामूहिक विवाह के समय जब दलित वर्ग के जोड़ों के अलग से फेरे होते देखे, तो गुरुजी से मैंने पूछ डाला, "क्या यह रस्म गुरुग्रन्थ साहिब की वाणी के प्रतिकूल नहीं है?" उन्होंने मुझे जो तर्क दिया उससे मैं सन्तुष्ट नहीं हुआ। इसी बीच दिसम्बर 1967 में मेरे पिताजी का स्वर्गवास हो गया और मैं लुधियाना से डालटनगंज लौट आया।

शहर के कुछ प्रमुख व्यक्तियों के कहने पर मैं रोटरी क्लब का सदस्य बन गया। हर शनिवार क्लब की बैठक डाक बंगले में होती। ऐसी एक बैठक में जब मुझे कुछ बोलने के लिए कहा गया तो मैंने परोपकार पर अपने विचार रखे। बात सुनने की देर थी कि कई सदस्यों ने मेरे समक्ष डालटनगंज में एक महिला कॉलेज खोलने का प्रस्ताव रख दिया। उस समय पलामू का विभाजन नहीं हुआ था और पूरे ज़िले में एक भी महिला कॉलेज नहीं था। मैंने जब अपने भाइयों के सामने यह प्रस्ताव रखा तो वे पिताजी के नाम पर एक कॉलेज बनाने के लिए सहर्ष तैयार हो गये। क्लब की अगली बैठक में यह फ़ैसला लिया गया कि कॉलेज की ज़मीन शहर के अन्दर हो ताकि लड़कियाँ सुरक्षित महसूस कर सकें।

उस समय एक अविवाहित आदिवासी युवक, महेन्द्र सिंह, पलामू के उपायुक्त थे। रोटरी क्लब के आग्रह पर उन्होंने अपने डी.सी. बंगले में से 3.5 एकड़ ज़मीन महिला कॉलेज को देने का प्रस्ताव बिहार सरकार को भेज दिया। शहर के तीन प्रमुख समाजसेवी—प्रकाश चन्द्र जैन, डॉ. जय दुबे और मदन कृष्ण वर्मा—के साथ मैंने पटना के कई चक्कर काटे। भीष्म नारायण सिंह, जो उन दिनों पलामू के हुसैनाबाद से कांग्रेस विधायक थे, ने भी हमारी काफ़ी सहायता की। वे बाद में केन्द्रीय मन्त्री और तमिलनाडु एवं आसाम के राज्यपाल भी बने। बड़ी जद्दोजहद के बाद डी.सी. बंगले की ज़मीन मिल गयी और हमारे परिवार द्वारा कॉलेज बनाने में दो साल लग गये। इस दौरान लड़कियों की पढ़ाई ज़िला स्कूल के निकट हमारे परिवार की एक बिल्डिंग में शुरू हो गयी। कॉलेज की मैनेजमेंट कमिटी के अध्यक्ष

उपायुक्त महेन्द्र सिंह थे और मैं सचिव। इस दास्तान ने आगे जाकर एक दिलचस्प मोड़ ले लिया। जब हमारी कमिटी प्राध्यापकों की नियुक्ति के लिए साक्षात्कार ले रही थी तो राँची की एक पंजाबी लड़की, सन्तोष कालरा, भी मनोविज्ञान विभाग में नियुक्त होने के लिए उपस्थित हुई। महेन्द्र सिंह को वह लड़की पसन्द आ गयी और मेरी मध्यस्थता से दोनों विवाह-सूत्र में बँध गये। मेरे पिताजी ख़ुद तो कभी कॉलेज नहीं गये लेकिन उनके नाम पर खुला कॉलेज आज लड़कियों के लिए वरदान साबित हो रहा है। अब इस कॉलेज की बागडोर सरकार के हाथों में जा चुकी है।

मात्र दो वर्षों के बाद ही राजनीतिक अस्थिरता के चलते बिहार में मध्यावधि चुनाव की घोषणा हो गयी। जनसंघ ने मुझे दोबारा लड़ने के लिए तैयार कर लिया। 1969 का चुनाव जीते तो पूरन चन्द ही लेकिन मैंने अपनी हार का फासला और भी कम कर लिया। यह वही दौर था जब देश की बागडोर नेहरू की बेटी इन्दिरा गाँधी के हाथों में थी। 1964 में नेहरू के देहान्त के बाद लाल बहादुर शास्त्री देश के प्रधानमन्त्री बने। वे शारीरिक तौर पर बेशक छोटी क़द-काठी के थे लेकिन 1965 में उन्होंने देश को "जय जवान, जय किसान" का नारा देकर पाकिस्तान को जंग में तीखी शिकस्त दी। उसी साल रूस के ताशकंद में उनकी आकस्मिक मृत्यु हो गयी। जनवरी 1966 में कांग्रेस और देश दोनों की ही बागडोर नेहरू की इकलौती बेटी इन्दिरा गाँधी के हाथों में चली गयी। इन्दिरा ने 1967 का संसदीय चुनाव जीतकर देश में अपनी धाक जमा ली लेकिन 1971 में पाकिस्तान से अलग होने के लिए बांग्लादेश के अलगाववादियों ने मोर्चा खोल दिया। जनसंघ ने इन्दिरा गाँधी पर बांग्लादेश को अलग देश की मान्यता देने के लिए दबाव बनाना शुरू कर दिया। वाजपेयी जी के आह्वान पर मेरे जैसे हज़ारों युवकों ने दिल्ली में पाकिस्तानी दूतावास के सामने प्रदर्शन किया। भीड़ को उग्र होता देख पुलिस ने आँसू गैस के गोले दागे और हमें गिरफ़्तार कर तिहाड़ जेल में ठूँस दिया गया। यह मेरी पहली जेल-यात्रा थी। आठ दिन जेल में बिताने के बाद जब हम रिहा हुए तो हमारा मनोबल बढ़ाने के लिए अटल बिहारी वाजपेयी भी बाहर मौजूद थे। एक उत्साही युवक ने "वाजपेयी जी अमर रहें" का नारा लगाया तो वाजपेयी जी ने मुस्कुराते हुए माइक पर कहा, "अमर होने के लिए मनुष्य को पहले मरना पड़ता है।"

कुछ ही महीनों में भारत-पाकिस्तान में जंग छिड़ गयी। युद्ध जीतने के बाद प्रधानमन्त्री इन्दिरा गाँधी की लोकप्रियता आसमान छूने लगी। यहाँ तक कि वाजपेयी जी ने भी उन्हें "दुर्गा" की उपाधि दे डाली। बिहार की बदहाली का दौर लम्बा चला। 1972 में प्रदेश में फिर राष्ट्रपति शासन लग गया और पाँच वर्षों में तीसरी

बार चुनाव की घोषणा कर दी गयी। मेरे परिवार ने मुझे लड़ने की अनुमति नहीं दी। तब तक मेरी पारिवारिक ज़िम्मेवारियाँ भी बढ़ चुकी थीं। मेरी दूसरी बेटी अमृत, बेटा दिलीप, और तीसरी बेटी परमिन्दर का जन्म हो चुका था। बिहार में एक बार फिर कांग्रेस की सरकार आ गयी लेकिन हवा का रुख बदलते देर नहीं लगी। एक सीधे-सादे स्वतन्त्रता सेनानी जय प्रकाश नारायण ने इन्दिरा की हुकूमत को ललकारा और पूरे देश के नौजवान सड़कों पर उतर पड़े। जे.पी. एक ऐसे आदर्शवादी नेता थे जिन्होंने स्वतन्त्रता संग्राम में कड़ी यातनाएँ सहीं लेकिन अंग्रेज़ों के सामने झुके नहीं। आज़ादी के बाद नेहरू परिवार के साथ उनके रिश्ते काफ़ी मधुर थे। कहा तो यहाँ तक जाता है कि नेहरू उन्हें अपना उत्तराधिकारी बनाना चाहते थे लेकिन जे.पी. ने किसी भी सरकारी पद को स्वीकार नहीं किया और बिनोवा भावे के भूदान आन्दोलन से जुड़ गये।

बिहार में जब कांग्रेस सरकार के ख़िलाफ़ कॉलेज छात्रों ने आन्दोलन शुरू किया तो जे.पी. उनके मार्गदर्शक बन गये। उसी दौरान जे.पी. डालटनगंज भी आये। उन्हें देखने और सुनने के लिए ऐसी भीड़ उमड़ी कि शिवाजी मैदान में तिल रखने तक की जगह नहीं थी। जब जे.पी. ने तीन दिन के बिहार बन्द का ऐलान किया तो मैं भी डालटनगंज बन्द कराने के क्रम में अपने तीन साथियों—तारकेश्वर आज़ाद, रविशंकर पाण्डेय एवं प्रमोद बिहारी शुक्ला—के साथ गिरफ़्तार कर लिया गया। हमें डालटनगंज जेल न भेजकर हज़ारीबाग रवाना कर दिया गया। यह वही जेल थी जहाँ जे.पी. को अंग्रेज़ों ने लम्बे अरसे तक क़ैद रखा था। आज़ादी के बाद उनके वार्ड का नाम 'जे.पी.वार्ड' ही पड़ गया था। यहाँ आना भी एक सबब ही था। बिहार के भावी मुख्यमन्त्री कर्पूरी ठाकुर एवं जनसंघ के प्रमुख नेता कैलाशपति मिश्र के साथ रहने का मुझे यहीं मौक़ा मिला। मेरे आगे के राजनीतिक सफ़र में दोनों की ही अहम भूमिका रही।

कैलाश जी को रविशंकर ने बता दिया कि मैं रामायण का पाठ करने में पारंगत हूँ। पता लगने की देर थी कि उन्होंने रामायण को सस्वर गाने एवं उसकी व्याख्या करने के लिए मुझे मना लिया। एक सिख को हिन्दू शास्त्रों के पाठ करते देख सभी हैरान होते। मैं 73 दिनों के बाद जब जेल से बाहर निकला तो जे.पी. आन्दोलन की चिंगारी पूरे देश में आग बनकर फैल चुकी थी। देखते-ही-देखते बुद्धिजीवियों से लेकर ट्रेड यूनियन के लीडर भी उसका हिस्सा बन गये और जे.पी. ने भारत का इतिहास ही बदल डाला।

हज़ारीबाग जेल से रिहा होते ही मुझे सद्गुरु जगजीत सिंह का सन्देश मिला। उन्होंने फिर मुझे अपने विदेश दौरे में शामिल होने का आदेश दे दिया। मैं नहीं जानता कि मुझे साथ ले जाने का कारण गुरुजी का कांग्रेस के प्रति झुकाव था या राजनीति से मेरा मोहभंग करने की कोशिश। अमेरिका, इंग्लैंड एवं कनाडा में नामधारी समुदाय की संख्या अच्छी-ख़ासी है और वहाँ के श्रद्धालु गुरुजी को अक्सर बुलाया करते हैं। इस दौरे में कई दिलचस्प घटनाएँ भी घटीं जिनमें से दो का ज़िक्र मैं यहाँ करना चाहता हूँ जिससे कट्टर नामधारियों की आस्था का पता लगता है और उससे उत्पन्न होने वाली कठिनाइयों का भी। नामधारी गुरु स्नान और खानपान के लिए नदी या कुएँ का पानी ही इस्तेमाल करते हैं। नदी के पानी का जुगाड़ अमेरिका की राजधानी वाशिंगटन में करना काफ़ी महँगा पड़ा। वहाँ सड़कों का ऐसा जाल बिछा है कि ड्राइवर को एक ग़लत मोड़ लेने के कारण 200 किलोमीटर अधिक का रास्ता तय करना पड़ गया। कनाडा के शहर टोरंटो की एक ऐसी घटना भी यादगार बन गयी। गुरुजी रोज़ अहले सुबह गुरुवाणी का गायन सुनते हैं। पड़ोस की एक बूढ़ी अंग्रेज़ महिला ने हारमोनियम और तबले की आवाज़ से नींद ख़राब होने की शिकायत पुलिस से कर दी। सुबह 4 बजे वहाँ पुलिस पहुँच गयी और उस महिला के पलँग के पास खड़े होकर उन्होंने तबला और हारमोनियम की आवाज़ को सुना और फिर उसे कम करने का आदेश दिया। विदेश के तौर-तरीकों से अन्जान होने के कारण इंग्लैंड में भी एक ऐसी ही घटना घटी। यह तो गुरुजी के साथ के क़िस्से थे। आगे जाकर सरकारी ओहदों पर होने के कारण भी विदेश जाने के कई मौक़े मिले। एक शाकाहारी होने के कारण हर बार फल-फूल ही खाकर गुजारा करना पड़ता।

तीनों देशों में जब दो महीने बीत गये तो मैंने गुरुजी से भारत वापस जाने की इजाज़त माँगी। मेरी बात सुनकर गुरुजी चकित हुए और बोले, "लोग अमेरिका आने के लिए तरसते हैं और तुम हो कि अपने देश वापस जाने के लिए बेचैन हो जाते हो।" गुरुजी का कथन वास्तव में सही था क्योंकि इंजीनियरिंग के मेरे कई सहपाठी उच्चतर डिग्री लेने हेतु मात्र दो वर्षों के लिए अमेरिका गये थे लेकिन फिर वापस नहीं लौटे।

विदेश यात्रा के दौरान गुरुजी को यह अहसास हो गया कि धार्मिक कार्यों के प्रति मेरा झुकाव नहीं है और वे मुझसे थोड़ा नाराज़ रहने लगे। मेरे सामने एक बड़ा धर्मसंकट आ खड़ा हुआ। गुरुजी के प्रति मेरा पूरा परिवार अपार निष्ठा रखता है। मेरे भाइयों को जब महसूस हुआ कि गुरुजी मुझसे प्रसन्न नहीं हैं तो मेरे बड़े भाई अमर मुझे माफ़ी मँगवाने के लिए अपने साथ भैनी साहिब ले गये। माथा टेकते ही

गुरुजी ने मुझसे कहा, "पहले अपनी मानसिकता ठीक करो।" उनके कथन पर मैंने एकान्त में गम्भीर चिन्तन किया तो समझ पाया कि मुझे धर्म की ओर खींचने में मिली असफलता से वे बेहद नाख़ुश थे। उन दिनों हिन्दी के मशहूर कवि रामनरेश त्रिपाठी की कविता ने मेरी कशमकश को दूर करने में बड़ी भूमिका अदा की। उन्होंने इन्सान के द्वारा भगवान की खोज पर लिखा है :

मैं ढूँढ़ता तुझे था, जब कुंज और वन में।
तू खोजता मुझे था, तब दीन के सदन में।।
तू 'आह' बन किसी की, मुझको पुकारता था।
मैं था तुझे बुलाता, संगीत में भजन में।।
मेरे लिए खड़ा था, दुखियों के द्वार पर तू।
मैं बाट जोहता था, तेरी किसी चमन में।।

देश में जब बदलाव की आँधी चल रही थी तो मैं धर्म प्रचारक कैसे बन सकता था? मुझे महात्मा गाँधी और विनोबा भावे के एक प्रसंग से भी प्रेरणा मिली। गाँधी जी से मिलने के बाद जब विनोबा भावे उठकर जाने लगे तो गाँधी जी ने एकाएक पूछ डाला, "कहाँ जा रहे हो?" विनोबा जी ने जवाब दिया, "हिमालय में साधना के लिए जा रहा हूँ।" गाँधी जी ने जो जवाब दिया उससे विनोबा भावे की ही नहीं लाखों ग़रीबों की क़िस्मत बदल दी, "हिमालय में की गयी साधना का फल केवल तुम्हें मिलेगा जबकि देश को यदि आज़ाद कराने में मेरा सहयोग करोगे तो करोड़ों लोगों का भला होगा।" विनोबा भावे ने हिमालय की ओर जाने का इरादा छोड़कर महात्मा गाँधी के स्वतन्त्रता आन्दोलन में भाग लिया और महात्मा गाँधी की हत्या के बाद भूदान आन्दोलन शुरू किया। भारत के विभिन्न प्रान्तों में पैदल यात्रा करके उन्होंने ज़मीनदारों से 21 लाख एकड़ भूमि दान में लेकर ग़रीबों एवं भूमिहीनों में बाँटने का भागीरथ कार्य किया। धर्म और राजनीति की भयंकर कशमकश में जीत आख़िर राजनीति की ही हुई।

विदेश से वापस लौटने के तीन महीनों के बाद मेरी पत्नी ने मुझसे कहा, "आप तो जब चाहते हैं देश-विदेश घूम आते हैं लेकिन मेरे कई बार कहने के बाद भी आप मुझे कश्मीर घुमाने के लिए नहीं ले गये। मेरे चाचा सतवंत श्रीनगर में रहते हैं उनसे मिल भी लेंगे और कश्मीर भी देख लेंगे।"

जून 1975 के दूसरे सप्ताह में मैं बीबी-बच्चों के साथ कश्मीर की यात्रा पर निकल गया। धरती पर जन्नत देखने का सबब तो मिला, लेकिन श्रीनगर से दिल्ली

पहुँचते ही नजारा बदल गया। राजधानी में पुलिस का जमावड़ा देखकर मैं घबरा गया। एक सज्जन से पूछने पर पता चला कि देश में इमरजेंसी का ऐलान हो गया है।

दो हफ्ते पहले (जून 12) इलाहाबाद हाईकोर्ट ने इन्दिरा गाँधी के चुनाव जीतने के तरीकों को गैरकानूनी करार दे दिया था। विद्रोह के मंडराते बादलों को देख इन्दिरा ने 25 जून 1975 को राष्ट्रपति फ़ख़रूदीन अहमद से पूरे देश में इमरजेंसी की घोषणा करवा दी। रातों-रात विपक्षी नेताओं को जेलों में डाल दिया गया और सेंसरशीप से अखबारों का मुँह बन्द करवा दिया गया।

यह खबर सुनते ही मैंने अपने परिवार को डालटनगंज रवाना कर दिया और ख़ुद लुधियाना के नामधारी मुख्यालय भैनी साहिब चला गया। एक महीने वहाँ रहने के बाद मैं दिल्ली लौटा तो पता चला कि हमारे परिवार की ही ईमारत में कैलाशपति मिश्र भी ठहरे हुए हैं।

मुलाकात के दौरान उन्होंने बताया, "कलकत्ता में आन्दोलनकारियों की एक गुप्त बैठक रखी गई है। तुम भी मेरे साथ चल पड़ो।" कैलाश जी के साथ संथाल परगना के एक पुराने कार्यकर्त्ता यमुना तिवारी भी ठहरे हुए थे।

हम तीनों दिल्ली से कलकत्ता रवाना हो गये। कलकत्ता की बैठक के बाद मैंने डालटनगंज आने का मन बना लिया क्योंकि पुलिस की दहशत कुछ कम हो चुकी थी। मैं कलकत्ता से डालटनगंज आ गया और एक गुप्त ठिकाने में रहने लगा। दिन तो कट जाता लेकिन रात को परिवार को मिलने की बेसब्री सताती। छुपकर अपने बीबी-बच्चों को मिलने चला जाता और घर का खाना भी खा लेता। एक भगौड़े की जिन्दगी जीते-जीते मैं थक गया था। एक शाम घर के बगल के स्कूल में अपने भतीजों के साथ फुटबॉल खेलने चला गया। देखते ही देखते पुलिस ने मुझे चारो तरफ से घेर लिया और डालटनगंज की जेल में डाल दिया। सलाखों के पीछे बिताये गये वह 17 महीने, 17 साल से भी लम्बे थे।

जेल की खट्टी-मीठी यादें

आज़ादी की असली क़ीमत मुझे जेल की सलाखों के पीछे पता चली। आदमी की बात तो दूर, क़ैद से जानवर तक भागने की कोशिश करते हैं। इन्दिरा गाँधी की हुकूमत ने राजनीतिक विरोधियों को एक नये क़ानून मेंटेनेंस ऑफ़ इंटरनल सेक्यूरिटी एक्ट (मीसा) के तहत बन्दी बनाया था। यह ऐसा अन्धा क़ानून था जिसमें न अपील, न दलील, न किसी वकील की ही सुनवाई थी। डालटनगंज जेल में प्रवेश करते ही पता चल गया कि दिन कितनी मुश्किल से कटने वाले हैं। पहली बुरी ख़बर जेल के डॉक्टर ने सुनाई। हरेक क़ैदी की स्वास्थ्य की जाँच होती है। मेडिकल रिपोर्ट से पता लगा कि मुझे मधुमेह की बीमारी लग चुकी है। कम उम्र में शुगर की बीमारी मुझे विरासत में अपने पिताजी से मिली लेकिन मैं ऐसा आशावादी निकला कि जेल को ही खाने-पीने में परहेज़ रखने के लिए सबसे बेहतर जगह मान बैठा।

हमें एक हॉलनुमा कमरे में रखा गया जिसे जेल में बाल सुधार गृह के लिए उपयोग किया जाता था। हम सभी मीसा बंदियों को एक चौकी, बिस्तर और मच्छरदानी दी गयी थी। सबसे बड़ी निराशा तब होती है जब न बीवी-बच्चों से मिलना सम्भव हो और न ही रिहाई की गुंजाइश। सप्ताह में एक बार परिवार से मिलना तो मुमकिन था लेकिन एक सी.आई.डी. ऑफ़िसर की उपस्थिति में। मेरी पत्नी उनके लिए कुछ मिठाई ले आती थी ताकि वे थोड़ा हटकर मिठाई खाने के लिए बैठ जाये और हम लोग घर का दुःख-सुख बाँट सकें। वह दिन मुझे आज भी याद है जब ऑफ़िसर की ग़ैर-मौजूदगी के कारण मेरी पत्नी को गेट से वापस जाना पड़ा। मलविन्दर की तबीयत उस दिन ख़राब थी। मैं जेल के गेट से उसके आँसुओं को गिरते हुए देखता रहा।

एक संयुक्त परिवार में बिना पति के रहने की कठिनाइयाँ तो थीं ही, मेरी पाँचवीं बेटी सुखदीप भी कुछ ही महीनों की थी। एक रूढ़िवादी परिवार में पाँच बेटियों की माँ होना कितना मुश्किल हो सकता है यह मैं भी बाखूबी जानता था क्योंकि मेरी

पाँचवीं बेटी के जन्म के बाद जब मैं अस्पताल से घर वापस आया तो मुझे देखते ही मेरी भाभियों ने पूछा कि क्या ख़ुशख़बरी है? मैंने मुस्कुराते हुए कहा कि लड़की पैदा हुई है। मेरी भाभियाँ मानने को तैयार ही नहीं थीं कि पाँचवीं बेटी होने के बावजूद मैं हँस रहा था। मैंने उन्हें पूरी तरह आश्वस्त करने की कोशिश की लेकिन वे नहीं मानीं और मेरे एक भतीजे ओंकार (काले बाबू) को स्कूटर से डालटनगंज से 25 किलोमीटर दूर स्थित तुम्बागड़ा अस्पताल भेजा ताकि असलियत का पता चल सके। लगभग एक घण्टे के बाद वह जब लौटा तो उसने लड़की पैदा होने की पुष्टि कर दी। मामला यहीं शान्त नहीं हुआ। मैं नहा-धोकर जब गुरुद्वारा पहुँचा तो बुजुर्ग औरतों ने पाँचवीं बेटी होने की सूचना पाकर मुझे इस तरह से सान्त्वना दी जैसे घर में किसी का जन्म नहीं, मृत्यु हो गयी हो। यह बात मुझे आज भी सताती है कि लड़की होने पर घर की औरतें ही सबसे ज़्यादा शोक मनाती हैं। उस समय क्या पता था कि मेरी यही पाँचवीं बेटी सुखदीप कौर आगे चलकर एक प्रख्यात पत्रकार बनेगी और मैं अपनी आत्मकथा लिखने में उसके अनुभव का भरपूर लाभ उठाऊँगा। मेरी पत्नी ने बेटियाँ होने के बावजूद कभी भी अपने-आपको किसी से कमतर नहीं समझा और उन्हें पढ़ाने-लिखाने में कोई कसर नहीं छोड़ी।

मुझे एक तरफ़ जहाँ अपनी बढ़ती घरेलू ज़िम्मेवारियों का अहसास सताता, दूसरी ओर जेल में अनिश्चित काल के लिए रहने की अफ़वाहें परेशान करतीं। कई लोग तो बीस सूत्री कार्यक्रम का समर्थन करके जेल से निकल गये। मेरे गुरुजी भी मुझे मिलने जेल में आये और कहा, "तुम भी बीस सूत्री कार्यक्रम का समर्थन कर दो, 24 घंटों के अन्दर जेल से बाहर आ जाओगे।" मैंने ऐसा करने से इन्कार कर दिया क्योंकि यह मेरी पार्टी के साथ विश्वासघात होता। उन 17 महीनों में मैंने अपने मन को डोलने नहीं दिया। मेरी पत्नी का छोटा भाई निर्मलजीत उस समय कुँवारा था और रोज़गार की खोज में डालटनगंज रह रहा था। अपनी माँ से 64 हज़ार की पूँजी लेकर उसने एक ईंट का भट्ठा लगाया जिसमें वह सफल नहीं हो सका। व्यापार में तो मैं भी कभी सफल नहीं हो पाया। आरा मिल और तेल मिल को भी मैनेजर ही सँभालते रहे। पिताजी और भाइयों के समान व्यापार में मेरी कोई रुचि नहीं होने के कारण पारिवारिक जायदाद के बँटवारे में मेरे हिस्से गढ़वा और डालटनगंज की कपड़ा दुकानें आयीं जिन्हें दो अन्य नामधारी परिवारों के साथ पार्टनरशिप में चलाया जा रहा था। मलविन्दर ने गढ़वा दुकान की देख-रेख निर्मल के हवाले कर दी। जेल जाने से पहले ही मैंने उसकी शादी डालटनगंज के एक व्यवसायी दिलीप सिंह की बेटी सुषमा से तय कर दी थी। गढ़वा की दुकान छोड़कर निर्मल लुधियाना लौट

गया और दिल्ली में अपने दूसरे जीजे के साथ कपड़ा एक्सपोर्ट करने के बिज़नेस में साझेदारी कर ली। मैं जेल में ही था जब उसकी शादी सुषमा से हुई। उसका एक्सपोर्ट का बिज़नेस भी ज़्यादा देर नहीं चल पाया।

कहा जाता है "एवरी क्लाउड हैज ए सिल्वर लाइनिंग" यानि हर कठिनाई में कुछ अच्छाई भी छिपी होती है। मैं अपनी जेल-यात्रा को यादगार और उपयोगी समझता हूँ क्योंकि उस दौरान जहाँ शहर के कई बुद्धिजीवी जैसे कि प्रोफ़ेसर शारदा प्रसाद, के.के. मिश्रा, एस.एन. लाल और विनोद दीक्षित निरुद्ध थे, वहीं रविशंकर पाण्डेय एवं दशरथ सिंह जैसे युवा नेता भी। जेल में सबसे बड़ी समस्या होती है समय काटना। हाई स्कूल में मेरे संस्कृत टीचर श्रीनाथ पाठक ने एक श्लोक पढ़ाया था जो जेल में काम आया :

काव्य शास्त्र विनोदेन् कालो गच्छति धीमताम।
व्यसनेन च मूर्खानाम् निद्रया कलहेन वा।।

अर्थात् समझदार लोग अपने समय को काव्यशास्त्र इत्यादि ग्रन्थों के पठन-पाठन करने में व्यतीत करते हैं जबकि मूर्ख लोग व्यसन, निद्रा एवं कलह में अपना समय काट देते हैं।

हज़ारीबाग जेल में मेरे साथ रहे युवा नेता रविशंकर पाण्डेय ने अन्य क़ैदियों को बता दिया कि नामधारी जी रामचरितमानस की कथा करने में पारंगत हैं। इतना जानना था कि सभी साथियों ने मुझ पर दबाव डाला कि आप वक्ता और हम श्रोता बनेंगे और इस तरह रामचरितमानस की कथा नियमित रूप से शुरू कर दी गयी। समय बिताने के लिए हम सब ने सुबह से लेकर रात सोने तक का एक रूटीन बना लिया। सुबह उठकर व्यायाम करते और नाश्ते के बाद मैं धार्मिक ग्रन्थों और साहित्य के अध्ययन में समय बिताता। दोपहर के भोजन और विश्राम के बाद रामचरितमानस और गीता पर चर्चा होती और शाम को खेलकूद। रात के खाने के बाद विज्ञान और अध्यात्म पर प्रोफ़ेसरों में कई बार बहस-मुबाहसा भी होता। डालटनगंज जेल में रहते हुए हम लोगों के दिन इसलिए भी आराम से कटते गये क्योंकि भोजन, व्यायाम एवं अन्य कार्यों की व्यवस्था बरवाडीह के रेल विभाग के एक कर्मचारी एवं संघ के समर्पित स्वयंसेवक तार बाबू के हाथों में थी। इनका असली नाम राम दयाल सिंह था लेकिन वे तार बाबू के नाम से ही ज़्यादा मशहूर थे।

जेल में भाँति-भाँति के लोगों से मिलकर मनोविज्ञान भी बिना पुस्तकों के ही पढ़ लिया। कइयों की हिम्मत टूटते देर नहीं लगी और कई अपने वसूलों पर कायम

रहे। 1960-70 के दशक में आनन्दमार्ग के नाम से एक नयी धार्मिक लहर उठी थी जिसके संस्थापक प्रभात रंजन सरकार बिहार के जमालपुर में रेलवे क्लर्क थे। आगे चलकर वे आनन्द मूर्ति के नाम से मशहूर हो गये और समाज का पढ़ा-लिखा तबका जिसमें इंजीनियर, डॉक्टर एवं प्रोफ़ेसर शामिल थे उनके अनुयायी बन गये। बंगाल में हिंसक वारदातें और तान्त्रिक साधना के इल्ज़ाम लगने के बाद इन्दिरा गाँधी ने उनकी गतिविधियों पर प्रतिबन्ध लगा दिया और प्रचारकों को जेलों में ठूँस दिया। ऐसे कुछ आनन्दमार्गी डालटनगंज जेल में भी थे। जेल में प्रवेश करते ही मुझे डालटनगंज के आनन्दमार्ग स्कूल के प्राचार्य मिल गये। प्राचार्य ने गेरुआ वस्त्रों को त्याग दिया था और पैंट-शर्ट पहन रखी थी। दाढ़ी और सिर के केश भी कटवा रखे थे। मेरे पूछने पर उन्होंने बताया कि जेल में आने के बाद तरह-तरह की अफ़वाहें सुनने को मिलीं जिनमें से एक यह भी थी कि गेरुआ वस्त्र रखने पर ज़िन्दगी भर जेल में सड़ना पड़ेगा। मैंने उसे रामायण की चौपाई, 'धीरज धर्म मित्र अरुनारी, आपतकाल परखिए चारी' सुनाते हुए कहा कि धैर्य, धर्म और मित्र की परीक्षा मुसीबत के समय ही होती है। उनके ठीक विपरीत दक्षिण भारत के एक आनन्दमार्गी जब किसी दूसरी जेल से स्थानान्तरित होकर डालटनगंज आये तो जेल अधिकारियों के गेरुआ वस्त्र उतारने के आदेश को मानने से साफ़ इनकार कर दिया। जेल अधीक्षक ने नाराज़ होकर उस अवधूत को डंडा-बेड़ी पहना दी और वह चलने-फिरने से भी लाचार हो गया। उस अवधूत आनन्दमार्गी की निष्ठा देखकर मैं काफ़ी प्रभावित हुआ। उनका संस्थागत नाम था आचार्य रघुरामानन्द। जेल अधीक्षक से कहकर मैंने उनकी डंडा-बेड़ी हटवा दी थी। इमरजेंसी हट जाने के लम्बे समय बाद उनकी जेल से रिहाई हुई और वे मुझसे मिलकर ही अपने गन्तव्य स्थान की ओर गये।

जेल में जहाँ पैसे और रुतबे के अनुसार सुविधाएँ भी मिलती हैं वहीं कई बार धनी अंडर ट्रायल को तंग करके पैसा भी वसूला जाता है। एक बार मैंने एक सेठ को लम्बा झाड़ू पकड़े हुए देखा। परिचित होने के कारण मुझे देखते ही उनकी आँखों में आँसू छलकने लगे। अधीक्षक को कहकर मैंने उन्हें कोई और काम देने का आग्रह किया। रिहा होने के बाद वे जब भी मिलते तो मुझे प्रेम से प्रणाम करते। कुछ क़िस्से दुखद भी रहे। पलामू के जाने-माने रंगदार भरदुल उपाध्याय का बेटा, नवल उपाध्याय, जब जेल आया तो उस पर सत्संग का ऐसा असर पड़ा कि वह संस्कृत के श्लोक भी एक डायरी में नोट करने लगा। उसका व्यक्तित्व बड़ा ही आकर्षक था और ब्राह्मण होने के कारण संस्कृत का उच्चारण भी बाखूबी करता। मेरे रिहा होने की ख़बर जब उस तक पहुँची तो उसने मेरे कक्ष में आकर कण्ठस्थ की हुई बीस

सूक्तियाँ सुना डालीं जिनमें से कुछ अभी तक उसके परिवार के पास सुरक्षित है। कुछ महीनों के बाद वह जेल से निकलकर पहले मेरे घर आया और बाद में मन्दिर गया लेकिन उसके अतीत ने उसका पीछा नहीं छोड़ा और बाहर निकलने के कुछ दिनों के बाद उसकी हत्या कर दी गयी।

जेल की मेरी दास्तान तत्कालीन जेल अधीक्षक बी.एल. दास की दुस्साहसिकता का ज़िक्र किये बिना अधूरी रहेगी। वे जे.पी. के प्रबल प्रशंसक थे और मीसा क़ैदियों की हर ख़्वाहिश को पूरा करते। होली के समय राजनीतिक बन्दियों ने जब जेल अधीक्षक से मालपुआ और खीर इत्यादि खाने की इच्छा व्यक्त की तो उन्होंने जेल के आपूर्तिकर्त्ता ध्रुव नारायण सिंह को सभी आवश्यक सामग्रियाँ बाज़ार से लाने का आदेश दे दिया। मैंने उनसे पूछा कि इन महँगी सामग्रियों का भुगतान जेल मैनुअल के अनुसार कैसे करेंगे? उन्होंने हँसते हुए कहा कि, "फिनायल की ख़रीदगी थोड़ी बढ़ा दी जायेगी।"

किसी भी राजनीतिक क़ैदी के बीमार पड़ने पर वे रूल बुक की मन मुताबिक़ व्याख्या तक कर लेते। पूरन चन्द भी इसी जेल में थे और इलाज के लिए दास जी ने उन्हें राँची तक भिजवा दिया। जब वे शाम को राँची की मेन रोड पर टहलते पाये गये तो अख़बारों में समाचार सुर्खियों में छपा। आलोचना होने एवं विभाग द्वारा पूछे जाने पर उन्होंने रूल बुक के उस नियम का हवाला दिया जिसमें यह व्यवस्था की गयी है कि जेल का पदाधिकारी क़ैदी के साथ जहाँ भी होगा उसे जेल ही माना जायेगा। मेरे घनिष्ठ मित्र प्रो. के.के. मिश्रा की पत्नी सरस्वती देवी के बीमार होने की सूचना जब दास जी को दी गयी तो उन्होंने जेल के एक अधिकारी के साथ मिश्रा जी को अस्पताल भेज दिया ताकि वह अपनी बीवी के ऑपरेशन के दौरान मौजूद रह सकें। मीसा क़ैदियों के साथ दास जी की निकटता का खमियाज़ा भी उनको भुगतना पड़ा। अपनी सेवा के अन्तिम दिनों में उन्हें सरकार ने निलम्बित कर दिया लेकिन 1977 में इमरजेंसी हटने के बाद नयी सरकार ने उनके निलम्बन को रद्द कर दिया। अवकाश प्राप्ति के बाद उन्होंने विधानसभा का चुनाव भी लड़ा लेकिन जीत नहीं पाये।

जनसंघ के वरीष्ठ नेता जगदम्बी प्रसाद यादव को स्थानान्तरित करके डालटनगंज की जेल में रखा गया था। तब क्या पता था कि आगे जाकर वे केन्द्रीय मन्त्री और बिहार भाजपा के दूसरे अध्यक्ष भी बनेंगे और आने वाले समय में यह कांटों भरा ताज मेरे सिर पर भी पहनाया जायेगा। जनवरी 1977 की एक शाम रेडियो द्वारा समाचार मिला कि इन्दिरा सरकार ने इमरजेंसी को हटाते हुए चुनावों की घोषणा कर दी है। समाचार सुनते ही मीसा बन्दियों के चेहरे खिल गये। मार्च शुरू हो गया

लेकिन मेरी रिहाई का आदेश नहीं आया। मेरी पत्नी घबरा गयी और किसी तरीक़े से उसने दिल्ली में अटल बिहारी वाजपेयी, जो जनसंघ के अध्यक्ष थे, से मुलाक़ात की और मेरी रिहाई की गुहार लगायी। वाजपेयी जी ने उसे आश्वासन देते हुए कहा, "आप घबराइये नहीं। ये सरकार जाने वाली है और हमारा वक़्त आने वाला है। उन्हें हम रिहा करेंगे।" मेरी रिहाई मार्च में होने वाले लोकसभा चुनाव के कुछ ही दिन पहले ही हो गयी।

मैं घर तो लौट आया लेकिन मेरे क़दम अब पीछे हटने को तैयार नहीं थे। मेरी पत्नी ने कभी भी मेरा राजनीतिक जीवन स्वीकार नहीं किया लेकिन इंजीनियर से नेतागिरी तक का काँटों भरा सफ़र उसके योगदान के बिना तय करना मुमकिन भी नहीं हो पाता। जब कइयों के हौसले जेल की सलाखों में दम तोड़ रहे थे उसका स्वाभिमान जाग उठा और उसने छोटे-छोटे बच्चों की पढ़ाई और घर को अकेले ही सँभाला।

वह जब भी मुझे जेल में मिलने आती तो यही कहकर हौसला देती कि, "घर में सब ठीक-ठाक चल रहा है।" न चाहते हुए भी उसने मेरे राजनीति की तरफ़ बढ़ते क़दमों को रोका नहीं। कहने को तो वह अर्धांगिनी थी पर घर-गृहस्थी का पूरा भार उसी के कन्धों पर रहा। आज उम्र की इस दहलीज पर पहुँचकर सबसे बड़ी ग्लानि यही होती है कि मैं उसका हमसफ़र तो रहा लेकिन हमदर्द नहीं बन सका।

जनता की लहर

जेल से बाहर निकलते ही देखा कि बदलाव की हवा आँधी बन चुकी थी। जनता में इमरजेंसी के दौरान मौलिक अधिकारों के छीने जाने, नसबन्दी और अतिक्रमण हटाने के नाम पर हुए ज़ुल्म के ख़िलाफ़ आक्रोश भरा हुआ था और वह बदला लेने को तैयार बैठी थी। जनता की इस नाराज़गी को इन्दिरा गाँधी भाँप ही नहीं पायीं क्योंकि संजय गाँधी की सभाओं में उमड़ती भीड़ को देखकर खुफिया विभाग के लोग भी दिग्भ्रमित हो गये। उन्होंने सरकार को रिपोर्ट कर दी कि यदि चुनाव अभी करवा दिये जायें तो कांग्रेस को प्रबल बहुमत मिल जायेगा।

लोकतन्त्र को कुचले जाने के क्रोध में देश की लगभग सभी विपक्षी पार्टियाँ कांग्रेस के विरुद्ध एकजुट हो गयी थीं। जे.पी. के आह्वान पर भारतीय जनसंघ सहित कई छोटे-बड़े दलों का नवनिर्मित जनता पार्टी में विलय हो गया। कांग्रेस में भी फूट पड़ गयी और जगजीवन राम जैसे प्रमुख दलित नेता ने 'कांग्रेस फॉर डेमोक्रेसी' के नाम से अपना अलग गुट बना लिया।

मतदान के दिन जब मैं क्षेत्र में घूम रहा था तो देखा कि जनता पार्टी की लहर चल रही थी। चुनाव अधिकारी मौन बैठे थे और सरकार के विरोध में खुलेआम जाली वोट भी पड़ रहे थे। कांग्रेस को हराने के लिए जनता इतनी बेताब थी कि उसने प्रत्याशी के ठिकाने पर भी ध्यान नहीं दिया। राँची की सीट से दक्षिण भारत के रवीन्द्र वर्मा आसानी से चुनाव जीत गये लेकिन दक्षिण भारत में कांग्रेस के विरोधी दल एकजुट नहीं हो पाये, जिस कारण वहाँ कांग्रेस का प्रदर्शन कुछ ठीक रहा। कलकत्ता से अमृतसर तक कांग्रेस का पूरी तरह सफाया हो गया। जगजीवन राम की पार्टी भी कई सीटों पर विजयी हुई और जनता पार्टी के गठबन्धन सरकार में शामिल हो गयी।

जनता पार्टी को प्रधानमन्त्री चुनने में काफ़ी माथापच्ची करनी पड़ी क्योंकि जगजीवन राम, मोरारजी देसाई तथा चौधरी चरण सिंह जैसे कद्दावर नेताओं की महत्त्वाकांक्षा आड़े आ रही थी। ताजपोशी का दायित्व जयप्रकाश नारायण को सौंपा

गया और उन्होंने बहुत कशमकश एवं मशक्कत के बाद मोरारजी देसाई को देश की कमान सौंप दी। 1977 में बिहार विधानसभा की अवधि भी पूरी हो गयी थी और सभी विपक्षी पार्टियाँ कांग्रेस के ख़िलाफ़ एकजुट होकर लड़ी थीं। जनता पार्टी के निर्माण के बाद यह तय कर लिया गया था कि आन्दोलन में भाग लेकर इस्तीफ़ा देने वाले सांसदों या विधायकों की टिकटें पक्की रहेंगी इसलिए पूरन चन्द को टिकट मिलना स्वाभाविक था। मैंने भी उनको जिताने में कोई कोर-कसर नहीं छोड़ी। वे जीतकर पहली बार खनन मन्त्री भी बन गये। कहा जाता है सत्ता सबको रास नहीं आती। पलामू में पूरन जी की पहचान चूँकि एक ग़रीब नेता की थी इसलिए मन्त्री के रूप में वे जनता की कसौटी पर खरा नहीं उतर सके। वहीं दूसरी ओर, वर्ष 1979 में मुझे बिहार राज्य पथ परिवहन निगम का अध्यक्ष मनोनीत कर दिया गया।

निगम के अध्यक्ष बनाये जाने के पीछे भी एक दिलचस्प कहानी है। बिहार जनता पार्टी के अध्यक्ष सत्येन्द्र नारायण सिंह ने मुझे पलामू ज़िले का अध्यक्ष मनोनीत कर दिया था। सत्येन्द्र बाबू एक प्रमुख राजपूत नेता थे जिन्होंने आगे जाकर मुख्यमन्त्री का पद भी सँभाला। बिहार में जनता पार्टी की बनी नयी सरकार के मुख्यमन्त्री कर्पूरी ठाकुर बने। उन्होंने परिवहन विभाग अपने क़रीबी शंकर प्रसाद टेकरीवाल के हवाले कर दिया। टेकरीवाल सहरसा ज़िला के रहने वाले पिछड़े वर्ग के एक लोकप्रिय नेता थे। 1978 में जब उनका पलामू दौरा हुआ तो ज़िलाध्यक्ष होने के कारण मैं उनके साथ-साथ रहा। मेरे प्रति जनता का रुझान देखकर उन्होंने पटना पहुँचते ही मुख्यमन्त्री को मुझे बिहार राज्य पथ परिवहन निगम का अध्यक्ष बनाने की अनुशंसा कर दी और 1979 की जनवरी में मैंने पहला सरकारी पद सँभाला। पटना पहुँचने पर जब बिहार राज्य पथ परिवहन निगम (बी.एस.आर.टी.सी.) के मुख्यालय की भव्य इमारत 'सुल्तान पैलेस' को देखा तो मेरी आँखें खुली-की-खुली रह गयीं। मैंने अपने जीवन में मिले किसी भी पद को जनता के हितों के साथ जोड़ने का भरसक प्रयास किया। उन दिनों निगम की हालत बहुत ख़राब थी और उसको पटरी पर लाने के लिए मुझे जी तोड़ मेहनत करनी पड़ी। निगम की कर्मशाला में सैकड़ों गाड़ियाँ सड़ रही थीं तथा चलने वाली गाड़ियों में भयंकर चोरी थी।

प्राइवेट बसों के मालिक निगम के कर्मचारियों के हाथ गर्म कर देते और सरकारी गाड़ियाँ सड़कों पर ख़ाली दौड़ती रहतीं। मैंने गाड़ियों की चेकिंग शुरू कर दी तो पाया कि सरकारी गाड़ियों की कमाई तो डीज़ल की खपत की क़ीमत से भी कम थी। मैंने चेकिंग करने वाले निगम के सभी पदाधिकारियों की बैठक बुलाकर उन्हें लताड़ा। फिर धड़ल्ले से चेकिंग भी होने लगी और निगम की कमाई भी। पलामू

के रहने वाले अभिमन्यु धर दुबे जैसे विरले ही चेकिंग अफ़सर देखने को मिले जो पूरी ईमानदारी से काम कर रहे थे। उनका नाम सतुआ पाण्डेय इसलिए पड़ गया था क्योंकि वे चेकिंग के दौरान भूख लगने पर रास्ते में पड़ने वाली किसी भी नदी के किनारे बैठकर सतुआ खा लिया करते और फिर चेकिंग में लग जाते।

अध्यक्ष बनते ही मैंने डालटनगंज, भागलपुर एवं कई अन्य शहरों को डीपू से प्रमण्डल बनाया ताकि छोटे-मोटे कार्यों के लिए उन्हें पटना न जाना पड़े। कड़ी मेहनत के बाद निगम जब कुछ रास्ते पर आने लगी तो बिहार में राजनीतिक उठा-पटक शुरू हो गयी जिसके चलते कर्पूरी ठाकुर को पद से हटना पड़ा और राम सुन्दर दास नये मुख्यमन्त्री बन गये। दास जी ने टेकरीवाल को हटाकर औरंगाबाद के रहने वाले ठाकुर मुनेश्वर सिंह को नया परिवहन मन्त्री बना दिया। उनके आते ही मेरे काम करने की रफ़्तार में बाधाएँ आने लगीं क्योंकि हम दोनों के काम करने के नज़रिये ही अलग-अलग थे।

मैं तब असमंजस में पड़ गया जब टेकरीवाल जी के मन्त्री रहते पटना और राँची में बनी इमारतों के उद्घाटन का समय आया। उद्घाटन की तिथि उनके साथ पहले ही तय कर ली गयी थी इसलिए मैंने उन्हें जब निमन्त्रण दिया तो उन्होंने कहा, "मैं अब मन्त्री नहीं हूँ।" मैंने जवाब दिया, "आपकी क़लम से मैं निगम का अध्यक्ष बना हूँ इसलिए पूर्व निर्धारित कार्यक्रम के अनुसार उद्घाटन में आपकी उपस्थिति चाहता हूँ।" मेरा यह क़दम नये मन्त्री को नागवार गुज़रा क्योंकि लोग तो अक्सर उगते सूर्य को ही सलाम किया करते हैं। हम दोनों के मतभेद दिनों-दिन बढ़ते गये क्योंकि मन्त्री जी निगम के दैनन्दिन कार्यों में अत्यधिक हस्तक्षेप करने लगे। हम दोनों के मतभेद को दूर करने के लिए बिहार जनता पार्टी के अध्यक्ष सत्येन्द्र नारायण सिंह ने मुझे और ठाकुर जी को अपने निवास पर बुलाया। दोनों का पक्ष सुनने के बाद सत्येन्द्र बाबू ने मेरे सामने मन्त्री को काफ़ी डाँट पिलाई और भविष्य में अध्यक्ष के कार्यों में हस्तक्षेप न करने की हिदायत दी। इस समझौते के बावजूद मेरे लिए काम करना मुश्किल होता रहा। मगर से बैर करके मैं आख़िर जल में कब तक रह सकता था। अध्यक्ष पद का मेरा कार्यकाल तीन वर्षों का था लेकिन मैंने मात्र चौदह महीनों में ही इस्तीफ़ा दे दिया। त्याग-पत्र देने के कुछ ही समय बाद राम सुन्दर दास सरकार भी ज़्यादा दिनों तक टिक नहीं पायी।

दिल्ली में भी जनता पार्टी की सरकार गिरते देर नहीं लगी। लालकृष्ण आडवाणी एवं अटल बिहारी वाजपेयी की जनता पार्टी एवं आर.एस.एस. की दोहरी सदस्यता पर बवाल मच गया और तकरार यहाँ तक पहुँच गयी कि उनको गठबन्धन से हटना

पड़ा। कुछ ही महीनों बाद चन्द्रेशखर, देवी लाल और चौधरी चरण सिंह की बग़ावत के चलते मोरारजी देसाई को त्याग-पत्र देना पड़ा। चौधरी चरण सिंह के प्रधानमन्त्री बनने का सपना आख़िरकार पूरा हो ही गया लेकिन संसद में बहुमत साबित करने के पहले ही उन्हें इस्तीफ़ा देना पड़ा। जून 1979 में लोकसभा भंग कर दी गयी और वे छह महीनों तक मात्र कार्यवाहक प्रधानमन्त्री के रूप में बने रहे। जनवरी 1980 के संसदीय चुनाव में इन्दिरा गाँधी पुनः सत्ता में आ गयीं।

जनता पार्टी के कई टुकड़े हो गये। मार्च 1980 में वाजपेयी जी की अध्यक्षता में भारतीय जनता पार्टी का उदय हुआ। कुछ ही महीनों में भाजपा के कमल छाप से मैंने डालटनगंज से अपना पहला चुनाव जीता। डालटनगंज की जनता ने जाति और धर्म की रेखाओं को अपनी प्रेम की लम्बी लकीर खींचकर छोटा कर दिखाया और भारी बहुमत से मुझे अपना प्रतिनिधि बनाकर पटना भेज दिया।

एक सिख विधायक की अग्नि-परीक्षा

अपनी धर्मनिरपेक्षता का प्रमाण केवल डालटनगंज की जनता ने ही नहीं दिया। पहली बार जीतने के बाद भाजपा ने भी मुझे विधायक दल का नेता चुन लिया जबकि 1980 के चुनाव में लालमुनि चौबे एवं शैलेन्द्र नाथ श्रीवास्तव जैसे कद्दावर नेता भी चुनाव जीतकर आये थे जो दोनों ही आगे जाकर सांसद भी बने। बिहार की जात-पात की राजनीति में किसी सिख का विधायक दल का नेता चुना जाना एक साहसिक क़दम भी था। मेरे चुनाव के पीछे बिहार भाजपा के तत्कालीन प्रभारी मुरली मनोहर जोशी की अहम भूमिका रही। उन्होंने भाजपा में मेरे मेन्टोर की भूमिका तो निभायी लेकिन पार्टी से मेरी विदाई भी उनके कारण ही हुई।

कैलाशपति मिश्र के साथ हज़ारीबाग जेल में साथ रहने के कारण मेरे अच्छे सम्बन्ध बन गये थे और उन्होंने भी मेरी काफ़ी सहायता की। विपक्ष का होने के बावजूद तत्कालीन विधानसभा अध्यक्ष राधा नन्दन झा, जो कई बार मिथिलांचल से विधायक चुने गये थे, ने मुझे याचिका समिति का अध्यक्ष और विधानसभा में पीठासीन पदाधिकारी बनने का मौक़ा भी दिया। याचिका समिति को मैंने बिहार की जटिल समस्याओं का निदान करने का माध्यम बना लिया। राज्य की जब कोई भी समस्या मेरे सामने आती तो मैं स्थानीय विधायक से याचिका प्रति हस्ताक्षरित करवाकर उसके समाधान के लिए समिति के अधीन ले लेता। याचिका समिति के माध्यम से ही डालटनगंज में रेड़मा का रेलवे ऑवरब्रिज बना और कोयल नदी के अधूरे पुल को पूरा किया गया। विधायक दल का नेता होने की हैसियत से मुझे हाउस में उठने वाले अहम मुद्दों पर बोलने का मौक़ा तो मिलता ही, कांग्रेस के मुख्यमन्त्री जगन्नाथ मिश्र से अक्सर तीखी नोकझोंक भी होती रहती। बिहार की आम जनता भी मेरा नाम जानने लगी। एक अनुभवी स्पीकर होने के नाते राधा नन्दन झा हाउस को बड़े तरीक़े से चलाते। मैंने उनसे जो सीखा वह आगे चलकर ख़ुद स्पीकर बनने पर बहुत काम आया।

दिसम्बर 1981 में मेरे निमन्त्रण पर भाजपा का प्रान्तीय अधिवेशन डालटनगंज की कोयल नदी के पार शाहपुर में आयोजित किया गया। कड़ाके की ठण्ड पड़ रही थी फिर भी बिहार के कोने-कोने से हज़ारों कार्यकर्त्ता शामिल हुए। अधिवेशन का समापन अटल बिहारी वाजपेयी के भाषण से होना था। वाजपेयी जी मेरे घर पर ठहरे थे और उनको सभा तक ले जाने के लिए जब मैं नदी के पुल पर पहुँचा तो देखा कि तिल रखने तक की जगह नहीं थी। भाषण का समय निकलता जा रहा था और वाजपेयी जी के साथ कोई अंगरक्षक भी नहीं था। आख़िरकार मुझे एक ही तरकीब सूझी। मैंने अपनी जीप को लोड गेयर में डाला और सीधे नदी में उतार दिया। वाजपेयी जी समय पर मंच पर मौजूद थे। वाजपेयी जी के भाषण देने की शैली अद्‌भुत थी, वे श्रोताओं को गम्भीर करके हँसा भी देते थे। देश की महिमा बताते हुए वाजपेयी जी भावुक हो गये और बोले। भारत का कंकर-कंकर शंकर है। इसकी बूँद-बूँद गंगाजल है। हम जीयेंगे तो इसके लिए। मरेंगे तो इसके लिए। इन आख़िरी पंक्तियों को सुनते ही कोयल नदी का किनारा जिसे संकल्प नगर का नाम दिया गया था तालियों की गड़गड़ाहट और 'भारत माता की जय' के नारों से गूँज उठा। वाजपेयी जी एक उदारवादी नेता तो थे ही विपक्ष की आलोचना भी बड़ी मर्यादा के साथ किया करते।

वे अत्यन्त ही सादे रहन-सहन के व्यक्ति थे। जब भी डालटनगंज आते, मेरे घर पर ही ठहरते। उन्हें रात को दूध पीने की आदत थी। एक रात जब उनको गिलास में दूध भेजा गया तो उन्होंने दक्षिण भारत का एक प्रसंग सुनाकर सबको लोट-पोट कर दिया। उन्होंने बताया कि मद्रास में वे जिस घर में ठहरे थे वहाँ पानी तो बड़े गिलास में लाया जाता लेकिन दूध एक छोटी गिलासी में। दो दिन तो वे चुपचाप रहे लेकिन तीसरे दिन जब पानी का गिलास सामने आया तो उन्होंने हाथ जोड़कर कहा, "हे भगवन् ! आप रात को दर्शन क्यों नहीं देते?" वाजपेयी जी के साथ बिताये गये दिन यादगार बनकर रह गये हैं।

एक सिख होकर मैं जहाँ हिन्दू बाहुल्य चुनाव-क्षेत्र के सर्वांगीण विकास में जुटा हुआ था वहीं पंजाब में साम्प्रदायिक माहौल बुरी तरह बिगड़ रहा था। कई राजनीतिक विश्लेषकों का मानना है कि जरनैल सिंह भिंडरावाले को शुरुआती दौर में इन्दिरा गाँधी ने ही संरक्षण दिया था। आगे जाकर वही इन्दिरा हुकूमत के ख़िलाफ़ सबसे बड़ी चुनौती बनकर सामने आया। 1980 के दशक में जरनैल सिंह भिंडरावाले का हौसला इतना बढ़ गया कि उसने चलती बसों से हिन्दू यात्रियों को उतारकर उनकी हत्या करनी शुरू कर दी, जिसके फलस्वरूप पंजाब के बाहर सिखों का

रेल में सफ़र करना भी दुश्वार हो गया। उस तनावपूर्ण वातावरण में वाजपेयी जी ने अमृतसर में अपना कार्यक्रम रखा। सिख होने के नाते उन्होंने विशेष रूप से मुझे डालटनगंज से बुलवाकर अपने साथ ले लिया और दिल्ली से अमृतसर तक की यात्रा हम दोनों ने ट्रेन में एक साथ ही तय की। अमृतसर में मेरे भाषण को सुनकर आतंकवादियों ने दिल्ली में रह रहे मेरे बड़े भाई सहेन्द्र सिंह को टेलीफ़ोन पर धमकी दी कि अपने भाई को इस तरह की भाषणबाजी से मना करें नहीं तो उन्हें इसका खमियाज़ा भुगतना पड़ेगा। ऐसी धमकियों को नज़रअन्दाज़ करते हुए मैं अपने कर्तव्य पर डटा रहा। यह ज्ञातव्य है कि भिंडरावाले ने अपने गिरोह के साथ अमृतसर के अकाल तख्त में शरण ले रखी थी। अकाल तख्त सिखों की आस्था का सर्वोच्च स्थान है पर इन्दिरा गाँधी ने अपने राजनीतिक सलाहकारों के कहने पर जून 1984 में अकाल तख्त में टैंकों के साथ हमला बोल दिया। भिंडरावाले और उसके साथी तो मारे ही गये लेकिन कई मासूमों को भी अपनी जान गँवानी पड़ी। अकाल तख्त के विध्वंस से सिख समुदाय काफ़ी आहत हो गया और कालचक्र ऐसा चला कि पूरा देश झुलस कर रह गया। तीन ही महीनों में इन्दिरा जी को उनके दो सिख अंगरक्षकों ने उनके ही निवास पर गोलियों से छलनी कर दिया।

देश के प्रधानमन्त्री की हत्या एक भयानक हादसा था पर बदले की भावना से देश को बचाने का दायित्व उस समय की सरकार पर था। इतिहास साक्षी रहेगा कि तत्कालीन सरकार उस कसौटी पर खरी नहीं उतरी। इन्दिरा गाँधी के पुत्र एवं अफरा-तफरी में बनाये गये प्रधानमन्त्री राजीव गाँधी ने सिखों की हत्या पर—"जब कोई बड़ा पेड़ गिरता है तो धरती हिल ही जाती है"—जैसा विवादित बयान दे डाला जिससे उत्तर भारत में दंगे और भड़क उठे। दिल्ली और कानपुर जैसे बड़े शहरों में जहाँ सिखों की जनसंख्या ज़्यादा थी वहाँ उग्र दंगाइयों ने हज़ारों सिखों को मौत के घाट उतार दिया, उनकी दुकानों को लूटा और घरों को जलाकर राख कर दिया। उस वक़्त मेरा छोटा साला निर्मलजीत भी दिल्ली में ही रह रहा था। उसकी ज़िन्दगी काफ़ी संघर्षपूर्ण रही है। लुधियाना में भी व्यापार न चलने से वह अपने बीवी-बच्चों के साथ पहले राँची रहा और फिर दिल्ली। दंगाइयों से बचने के लिए उसने अपने केश कटवा लिए और दुबारा कभी नहीं रखे। उसकी नाकामयाबियाँ शायद उसे किसी अज्ञात दिशा में खींच रही थीं।

बिहार के बोकारो शहर में भी दिल दहलाने वाली घटनाएँ घटीं। पटना, राँची और धनबाद में भी सिखों को जान-माल का नुक़सान हुआ पर प्रदेश की कांग्रेस सरकार मूकदर्शक बनी रही। बिहार में सिखों की सबसे बड़ी आबादी जमशेदपुर में है। फिर वहाँ सिखों के जान-माल का नुकसान आख़िर कम क्यों हुआ?

जब सिख समुदाय के घरों और दुकानों में आग लगायी जाने लगी तब वहाँ के सिख डी.सी. और हिन्दू एस.पी. दोनों ने ही राजधर्म का पालन किया। छह फुट लम्बे डी.सी. जी.एस. कांग का क़द उनकी दयानतदारी से और ऊँचा हो गया। थाने में ख़ुद बैठकर उन्होंने जहाँ-जहाँ सिख फँसे हुए थे, फोर्स भेजकर निकलवाये। एस.पी. अमर प्रताप ने घोड़े पर शहर का दौरा किया और हर थाना प्रभारी को सख़्त हिदायत दी कि कहीं दंगा नहीं भड़कना चाहिए। पूरे सिखों को बिस्टुपुर गुरुद्वारे में बने रिलीफ कैम्प तक पहुँचाया गया। "हमारी फैक्ट्री और घर दोनों को दंगाईयों ने आग लगा दी। मेरे पिता सरदार मोहिन्दर सिंह ने अपनी चिन्ता न करते हुए जहाँ-जहाँ सिख फँसे हुए थे, उन तक सहायता पहुँचायी। शायद यही कारण रहा कि बिहार के अन्य शहरों की तरह जमशेदपुर से सिखों का पलायन नहीं हुआ। हमारा समुदाय आज भी यहाँ फलफूल रहा है और अपनी धर्मनिरपेक्षता के कारण जमशेदपुर भी," ऐसा कहना है शहर के एक नामी उद्योगपति हरजीत सिंह बिट्टू का।

यह अवसर मेरी अग्निपरीक्षा का था क्योंकि मैं एक हिन्दू बाहुल्य क्षेत्र का सिख विधायक चुना गया था। आगजनी और लूटपाट को देखकर मुझे देश के बँटवारे की हृदय विदारक यादें ताज़ा हो आयीं। एक उग्र भीड़ ने बेलवाटिका के सिंह सभा गुरुद्वारे पर हमला बोल दिया और वहाँ के पुजारी को तलवार से घायल कर दिया। नामधारी गुरुद्वारे को भी तहस-नहस कर दिया गया। डालटनगंज में जब सिखों की दुकानों को सरेआम लूटा जाने लगा तो उस उन्मादित वातावरण में मैं बिना किसी सुरक्षा के सड़कों पर निकला और कुछ ऐसे चेहरों को लूटपाट का सामान ले जाते हुए देखा जो अपने-आपको जनता का सेवक कहा करते थे। मेरे ग़ैर सिख साथियों ने मुझे जबरन घर वापस जाने के लिए विवश कर दिया। एक सिख व्यवसायी राज सिंह के घर जब भीड़ ने हमला किया तो उनकी गोली से दो दंगाई मारे गये। देश की रक्षा करने वाले सिख फ़ौजियों को भी उन्मादित भीड़ ने गढ़वा रोड स्टेशन पर ट्रेन से उतारकर मौत के घाट उतार दिया। मेरा हृदय उस समय विदीर्ण हो गया जब गढ़वा ज़िला के भवनाथपुर में सुखदेव सिंह नामक मेरे एक रिश्तेदार की जघन्य हत्या कर दी गयी तथा उनके 85 वर्ष के वृद्ध पिता हाकिम सिंह को भवनाथपुर से लौटते हुए तोलरा स्टेशन पर ट्रेन से उतारकर बुरी तरह पीटकर अधमरा कर दिया गया। वह इतने मस्तमौला थे कि इन घावों पर मरहम भी उन्होंने ख़ुद ही लगायी। हाकिम सिंह हमारे बड़े भाई अमर सिंह के ससुर थे। कुछ सालों बाद उनका देहान्त हो गया लेकिन जाने से पहले वह अपनी एक और दिल गुदगुदाने वाली याद छोड़ गये। एक दिन उन्होंने मुझसे कहा, "मरने के बाद तो तुम अपने शब्दों में श्रद्धांजलि

देते ही लेकिन मैं चाहता हूँ कि मेरे जिन्दा रहते तुम मुझे श्रद्धांजलि दो।" मैंने उनके मजाक को गम्भीरता से लिया और सारी तैयारियाँ कर डालीं। यह बात जब मेरे बड़े भाई के कानों तक पहुँची तो उन्होंने अन्तिम अरदास के कार्यक्रम को रद्द कर दिया।

आख़िरकार दंगे तभी थमे जब आर्मी और सी.आर.पी.एफ. ने फ़्लैग मार्च किया जिसमें कई सिख जवान भी शामिल थे। राज्य सरकार की बदनीयती उस समय उजागर हो गयी जब उन्मादित वातावरण में सिखों को संरक्षण देने वाले पलामू के एस.पी. अरविन्द वर्मा को दंगों के रुकते ही आनन-फानन में स्थानान्तरित कर दिया गया।

विधानसभा का सत्र शुरू होने पर मैंने कांग्रेस सरकार के तत्कालीन मुख्यमन्त्री चन्द्रशेखर सिंह से सवाल किया कि अरविन्द वर्मा का ट्रान्सफर क्यों किया गया और आपके दिल्ली से लौटने के बाद ही दंगे क्यों भड़के? मेरे बयानों से मुख्यमन्त्री तिलमिला उठे और उन्होंने ग़ुस्से में कहा, "यदि आप इसी तरह की बातें करते रहे तो अगले चुनाव में विधानसभा नहीं पहुँच पाइयेगा।" मुझे खेद है कि दिल्ली से प्रकाशित 'जनसत्ता' के सिवा एक सिख विधायक की वेदना का किसी स्थानीय अख़बार ने ज़िक्र तक नहीं किया।

चन्द्रशेखर सिंह की धमकी सच साबित हुई। उस तनावपूर्ण वातावरण में ही नवम्बर 1984 के लोकसभा चुनाव करा दिये गये। भाजपा ने मुझे चतरा से चुनाव लड़ने को कहा। मैंने इस चुनौती को सहर्ष स्वीकार किया जबकि उस विषाक्त वातावरण में किसी सिख का चुनाव लड़ना ख़तरे से ख़ाली नहीं था। मैं हार गया। कुछ ही महीनों में विधानसभा के चुनाव सामने आ गये और एक बार फिर धार्मिक उन्माद के कारण मुझे हार का मुँह देखना पड़ा।

मैं उन दिनों भयानक धर्मसंकट में रहा। बिहार के अधिकांश सिख व्यापारी प्रदेश छोड़कर पंजाब की ओर पलायन करने लगे। डालटनगंज में भी वही माहौल था। जब मेरे अपने परिवार के कई सदस्य भी पंजाब में जा बसे, तो मेरी पत्नी ने डालटनगंज की कुछ सम्पत्ति बेचकर चण्डीगढ़ में घर ख़रीदने की ज़िद पकड़ ली। उसका इतना डर जाना भी स्वाभाविक था क्योंकि देश के बँटवारे के समय वह अपने पिता को खो चुकी थी। उसके कहने पर मैं चण्डीगढ़ गया तो ज़रूर पर मेरा वहाँ दिल रम नहीं पाया।

गौतम बुद्ध के एक प्रसंग ने मेरे मनोबल को बनाये रखा। कहते हैं कि बुद्ध ने एक शाम अपने शिष्य आनन्द को कहा, "नदी से पानी ले आओ।" आनन्द जब ख़ाली कमण्डल लिए लौटा तो गौतम ने पूछा, "पानी क्यों नहीं लाये?" आनन्द ने

कहा, "मवेशियों के झुण्ड ने पानी को गँदला कर दिया था इसलिए मैंने उसे लाना उचित नहीं समझा।" बुद्ध ने कहा, "फिर जाओ।" आनन्द जब पुनः नदी पर गया तो मवेशियों के पैरों से गन्दा हुआ पानी साफ़ हो चुका था। गौतम ने फिर आनन्द को समझाया, "समाज में भी कभी-कभी ऐसी गन्दगी आ जाती है जो कालान्तर में स्वतः ख़त्म हो जाया करती है।"

चण्डीगढ़ से वापस आकर मैं अपने परिवार द्वारा डालटनगंज के क़रीब जमुने गाँव में ख़रीदी गयी ज़मीन पर पूरे मन से ग़रीबों के लिए एक अस्पताल बनाने की मिशन में जुड़ गया।

चुनाव हारने के बाद भी मैंने अपने परिवार को समय नहीं दिया और भाजपा के प्रति समर्पित रहा। यह वही समय था जब भाजपा लोकसभा में मात्र दो सीटों पर सिमट कर रह गयी थी और वाजपेयी जैसे दिग्गज को भी हार का मुँह देखना पड़ा था। कांग्रेस द्वारा हिन्दू वोट के ध्रुवीकरण और राजीव गाँधी जैसे युवा नेता के प्रधानमन्त्री बन जाने से भाजपा को अपना अस्तित्व तक ख़तरे में लग रहा था। यही कारण था कि 1986 में पार्टी की कमान वाजपेयी के हाथों से खिसककर लालकृष्ण आडवाणी जैसे कट्टरपन्थी के पास चली गयी। आडवाणी जी ने मुझे चुनाव हार जाने के बावजूद राष्ट्रीय कार्यसमिति का सदस्य बनाये रखा और मुझे देश के विभिन्न प्रान्तों में होने वाली बैठकों में शिरकत करने का मौक़ा मिलता रहा।

1987 में केरल के कोचिन में हुई भाजपा की राष्ट्रीय कार्यकारिणी की बैठक मुझे भुलाये नहीं भूलती। भाजपा में हिन्दुत्व को लेकर चल रहे गहन मन्थन के दौरान वाजपेयी जी के अन्तर्द्वन्द्व को मैंने अपनी आँखों से देखा है।

वाजपेयी के आँसू, आडवाणी की नसीहत

1984 के सिख-विरोधी दंगों में एक सिख विधायक होने की अग्नि-परीक्षा मैं दे चुका था। राजनीति में धर्म की मिलावट करके कांग्रेस ने अपने विरोधियों को शिकस्त दी थी। इस राजनीतिक शतरंज में भाजपा ने अपना अगला दाँव खेला।

1987 में मुम्बई की विले पार्ले सीट के उपचुनाव में शिव सेना ने पहली बार जीत हासिल की थी और महाराष्ट्र के प्रमुख भाजपा नेता, प्रमोद महाजन, ने कोचिन में हो रही केन्द्रीय कार्यसमिति की बैठक में बाल ठाकरे से गठबन्धन करने का प्रस्ताव रख दिया। इस विषय पर दो घंटों तक जमकर बहस हुई। अधिकतर वरीय नेताओं का मानना था कि भाजपा और शिव सेना के गठबन्धन से हिन्दू वोटों का ध्रुवीकरण हो सकता है। बहस के दौरान वाजपेयी जी मूक दर्शक बने रहे। बहुमत के आधार पर प्रस्ताव को स्वीकृत कर लिया गया। बैठक जब समाप्ति के कगार पर पहुँची तो वाजपेयी जी से समापन भाषण देने के लिए कहा गया। उन्होंने हाथों से कुछ न बोलने का इशारा किया लेकिन प्रमोद महाजन के आग्रह पर माइक को हाथ में लेते ही वे भावुक हो उठे। सिसकियाँ भरते हुए उन्होंने कहा, "मुझे अब अकेला ही छोड़ दीजिए। मैं अब आपके साथ और नहीं चल पाऊँगा।" उनके सब्र का बाँध ऐसा टूटा कि उन्होंने आँसू पोंछते हुए यह भी कहा, "महाराष्ट्र में शादियों के समय शिव सेना दलितों के साथ इतना भेदभाव करती है कि दूल्हे को घोड़ी तक चढ़ने की इजाज़त नहीं होती। न ही उच्च जाति के लोगों के सामने दलितों को खटिया पर बैठने ही दिया जाता है। मैंने जनेऊ तोड़कर राजनीति में पैर इसलिए रखा था ताकि धर्म और जात-पात की भावनाओं से ऊपर उठ सकूँ।" वाजपेयी के भाषण के बाद पूरे हॉल में सन्नाटा-सा छा गया और कुछ वरीय नेता उनके पास सान्त्वना देने के लिए पहुँच गये।

मेरे जीवन का अगला अध्याय 1988 में लिखा गया जब बिहार के मोतिहारी में भाजपा के हुए प्रान्तीय सम्मेलन में मुझे सर्वसम्मति से प्रदेश भाजपा का अध्यक्ष चुन लिया गया। वाजपेयी की ही तरह कट्टर हिन्दुत्व की राजनीति को लेकर मेरे

मन में भी वही अन्तर्द्वन्द्व शुरू होते देर नहीं लगी।

यह दौर मेरे लिए भी सबसे चुनौतीपूर्ण साबित होने वाला था। पहली चुनौती थी पैसों का जुगाड़। आज जब मैं भाजपा के करोड़ों की लागत से बने ज़िला कार्यालयों को देखता हूँ तो अपने कार्यकाल की याद हो आती है। उन दिनों देश के किसी भी राज्य में भाजपा की सरकार नहीं थी। अक्सर किसी विधायक या सांसद के नाम पर मिले हुए क्वार्टर का एक हिस्सा ऑफ़िस के रूप में इस्तेमाल किया जाता था। ज़िलों और राज्यों में आर.एस.एस. के प्रचारक रह चुके लोगों को ही भाजपा का संगठन मन्त्री बनाया जाता था। मेरे समय बिहार में यह ज़िम्मा अश्विनी कुमार पर था। 1980 में भाजपा के अस्तित्व में आने के बाद, कैलाशपति मिश्र बिहार के पहले अध्यक्ष बने और उनके बाद जगदम्बी प्रसाद यादव। 1977 में गोड्डा संसदीय क्षेत्र से सांसद चुने जाने के बाद यादव जी केन्द्र में मन्त्री भी बने। 1980 के मध्य में वे बिहार भाजपा के अध्यक्ष बने। मैंने उन्हें छोटे-छोटे ख़र्चों के लिए भी कार्यालय प्रभारी जितेन्द्र सिंह के सामने हाथ फैलाते देखा है।

पार्टी कार्यालय को आत्मनिर्भर बनाने के लिए मैंने तय किया कि ख़र्चों का इन्तज़ाम मैं स्वयं किया करूँगा। प्रदेश के प्रमुख कार्यकर्ताओं को निर्देश दिया गया कि उनके क्षेत्र में वरिष्ठ नेताओं के आने पर उन्हें सिक्कों से तौला जाये। इस व्यवस्था से कार्यालय का ख़र्च तो निकलने ही लगा, साथ में जनसम्पर्क भी तेज़ होने लगा। पलामू में एक युवा कार्यकर्ता मुक्तेश्वर पाण्डेय ने सबसे पहले पाटन में मुझे सिक्कों से तौला। उसके बाद तो मुझे सिक्कों से तौलने की होड़-सी मच गयी। मुझे अहसास होते देर नहीं लगी कि मेरी इस मुहिम से प्रदेश के वरीय नेता बहुत ख़ुश नहीं हैं। बिहार जैसे बड़े प्रदेश में कोई भी स्वतन्त्र निर्णय लेना सरकस की रस्सी पर चलने के समान था क्योंकि कैलाशपति मिश्र एवं अश्विनी कुमार को बिना विश्वास में लिए कोई भी फ़ैसला करने से उनकी नाराज़गी झेलनी ही पड़ती।

प्रदेश कार्यसमिति के गठन के समय मैंने सुशील कुमार मोदी, जो उस वक़्त अखिल भारतीय विद्यार्थी परिषद के दो बार महासचिव रहने के बाद रिटायर होकर पटना आ गये थे, को भी समिति में शामिल कर लिया। मुझे कैलाश जी ने बुलाकर कहा, "किसी नये व्यक्ति को प्रदेश समिति में डालने से पहले पूछ तो लिया करो। सुशील मोदी ने एक क्रिश्चियन लड़की से शादी कर ली है जिसके चलते उसके घर परिवार में काफ़ी तनाव है। उसको अपनी निजी ज़िन्दगी को सँभालने में अभी वक़्त लगेगा।" मैंने जवाब दिया, "उसका युवा नेता होने का अनुभव पार्टी के लिए लाभकारी सिद्ध होगा।" यह सुनकर वे चुप तो हो गये लेकिन उनके चेहरे पर

नाराज़गी साफ़ झलक रही थी। सुशील कुमार मोदी आगे जाकर बिहार के दस साल तक उपमुख्यमन्त्री रहे और आज की तारीख़ में राज्यसभा के सदस्य हैं। ऐसा ही प्रश्न उन्होंने राधामोहन सिंह को बिहार युवा मोर्चा का अध्यक्ष मनोनीत करने के बाद भी उठाया था। तब भी मैंने उन्हें इसी बात का हवाला दिया कि वह एक युवा नेता हैं जिनमें बड़े से बड़े आयोजन सँभालने का हुनर है जो पार्टी के काम आ सकता है। राजनीति में सिर्फ़ एक सही शुरुआत से किसी की भी तस्वीर बदल सकती है। राधामोहन सिंह एक युवा नेता थे। देश के कृषि मन्त्री के पद पर भी जा पहुँचे।

मेरे अध्यक्ष बनने के पूर्व संगठन की बैठकें अक्सर पटना में ही कर ली जाती थीं लेकिन मेरा विचार बना कि यह बैठकें हर ज़िले में होनी चाहिए ताकि संगठन सक्रिय रहे। ऐसी बैठकें जब दक्षिण बिहार के छोटा नागपुर के हिस्सों में होतीं तो वनांचल के नाम से अलग राज्य बनाने की माँग अक्सर उठती। समरेश सिंह एक दमदार श्रमिक नेता थे जो अक्सर रैलियाँ निकालकर अलग राज्य का मुद्दा उठाते परन्तु उत्तर बिहार के वरिष्ठ नेतागण प्रदेश के विभाजन के ख़िलाफ़ थे। अलग राज्य की मुहिम झारखण्ड मुक्ति मोर्चा एवं अन्य संगठनों की भी थी पर वे नये राज्य का नाम झारखण्ड रखना चाहते थे जिसमें मध्य प्रदेश, बंगाल और उड़ीसा के सीमावर्ती इलाक़े भी शामिल थे। अध्यक्ष बनते ही मैंने शिबू सोरेन, शैलेन्द्र महतो एवं सूरज मण्डल जैसे झारखण्ड मुक्ति मोर्चा के प्रमुख नेताओं से मिलकर यह सुझाव दिया कि आप यदि पड़ोसी राज्यों के हिस्सों को छोड़कर केवल दक्षिण बिहार को अलग राज्य बनाने की माँग करें तो भाजपा भी इसका समर्थन करेगी लेकिन वे वृहद् झारखण्ड की माँग पर अड़े रहे।

मैं चूँकि छोटा नागपुर से चुना गया भाजपा का पहला प्रदेश अध्यक्ष था, इसलिए मैंने इस माँग को राष्ट्रीय कार्यकारिणी की बैठक में उठाने का मन बना लिया। कार्यकारिणी की अगली बैठक 8 अप्रैल 1988 को आगरा में हुई जहाँ मैंने वनांचल पर चर्चा करने का आग्रह किया। मेरे इस प्रस्ताव पर लगभग दो घण्टों तक गहन मन्थन हुआ जिसका बिहार के तत्कालीन प्रभारी मुरली मनोहर जोशी ने जमकर समर्थन किया। बहस के बाद केन्द्रीय कार्यसमिति ने वनांचल को अलग प्रान्त बनाने के प्रस्ताव पर मुहर लगा दी। मेरा यह क़दम भी उत्तर बिहार के वरीय एवं स्थापित नेताओं को नागवार गुज़रा और कुछ ही दिनों बाद राँची में हुई प्रदेश कार्यसमिति की बैठक में कई सदस्यों ने वनांचल को लेकर मेरा ज़ोरदार विरोध किया। मुझे तब हार्दिक दु:ख हुआ जब कड़िया मुण्डा जैसे शिक्षित एवं संस्कारित आदिवासी नेता भी मेरे साथ खड़े नहीं हुए क्योंकि वे कैलाश जी के नज़दीकी माने जाते थे। वे

खूँटी संसदीय क्षेत्र से कई बार सांसद चुने जा चुके थे और बाद में केन्द्रीय मन्त्री एवं लोकसभा का उपाध्यक्ष बनने का सौभाग्य भी प्राप्त हुआ। झारखण्ड (वनांचल) अलग राज्य के निर्माण को खुल्लम-खुल्ला समर्थन देने का खमियाज़ा बाद में मुझे भी भुगतना पड़ा। मैंने आगरा में ही अगली राष्ट्रीय कार्यसमिति की बैठक को प्रस्तावित वनांचल में रखने की स्वीकृति भी ले ली। आडवाणी जी ने बैठक की समाप्ति के दौरान मेरे प्रस्ताव पर हामी भरते हुए सिर्फ़ यह पूछा, "शहर कौन-सा होगा?" विचार-विमर्श के बाद जमशेदपुर को तय कर लिया गया।

जमशेदपुर में बैठक सम्पन्न होने के बाद इन्तज़ामों में जुटे सभी नेताओं और कार्यकर्त्ताओं की ख़ुशी का तब ठिकाना नहीं रहा जब आडवाणी जी ने अपने समारोप भाषण में जमशेदपुर की व्यवस्था को पिछली सभी बैठकों से बेहतर बताया।

उसके पश्चात 1989 में पटना के गाँधी मैदान में एक बड़ी रैली का आयोजन किया गया जिसमें वाजपेयी जी ने जनसभा के मंच से ही मेरी ओर मुखातिब होते हुए कहा, "यह रैली नहीं रैला है।" उसी वर्ष गया में प्रान्तीय अधिवेशन भी कराया गया जिसमें वाजपेयी जी और राजस्थान के पूर्व मुख्यमन्त्री भैरो सिंह शेखावत ने जनता को सम्बोधित किया। इस अधिवेशन में बहुत-से नये युवक भाजपा के साथ जुड़े जिनमें पिछड़ी जाति (कहार) का एक युवक प्रेम कुमार, काफ़ी सक्रिय रहा। किसे पता था कि अगले साल ही यह युवक चुनाव जीतकर आने वाले सात और चुनावों में गया से लगातार विधायक ही नहीं अपितु मन्त्री भी बनेगा, लेकिन उसे समर्थन देने का खमियाज़ा मुझे भी भुगतना पड़ेगा।

जून 1989 में भाजपा राष्ट्रीय कार्यकारिणी की पालमपुर बैठक के बाद ही मैं पार्टी नेतृत्व की आँखों में खटकने लगा था। उस बैठक में जब यह प्रस्ताव पारित हो रहा था कि भाजपा अयोध्या में राम मन्दिर के निर्माण को अपने ऐजेंडे में शामिल करेगी तो मैंने उठकर आडवाणी जी से पूछ डाला कि विगत वर्ष शिमला में हुई बैठक में यह प्रस्ताव पारित हुआ था कि पंजाब के हालात बिगड़ने का मुख्य कारण है वहाँ चल रही गुरुद्वारों की राजनीति। उन दिनों पंजाब आतंकवाद के दौर से गुज़र रहा था और भाजपा का शिरोमणी अकाली दल के साथ गठबन्धन नहीं हुआ था। मेरा प्रश्न था कि जब गुरुद्वारों की राजनीति पंजाब को महँगी पड़ रही है तो फिर क्या मन्दिर की राजनीति का प्रभाव पूरे देश पर नहीं पड़ेगा? मेरे इस प्रश्न पर आडवाणी जी ने मुझे समझाने की भरसक कोशिश की लेकिन मैं उनके उत्तर से पूरी तरह सन्तुष्ट नहीं हुआ।

मेरी असहजता को भाँपते हुए आडवाणी जी ने चाय के अन्तराल में मुझे फिर

अपने पास बुलाया और पुन: समझाने की कोशिश की कि अयोध्या में राम मन्दिर के निर्माण का मसला चूँकि राष्ट्रीय सम्मान से जुड़ा है इसलिए इसकी तुलना पंजाब के गुरुद्वारों की राजनीति से नहीं की जा सकती। आडवाणी जी के समझाने के बावजूद मुझे यह विश्वास हो गया कि भाजपा अब कट्टर हिन्दुत्व की ओर बढ़ रही है। इसका सुबूत मुझे 1989 में हज़ारीबाग में हुए साम्प्रदायिक दंगों में मिल गया। रामनवमी के जुलूस के दौरान वहाँ साम्प्रदायिक हिंसा भड़क जाने से 19 लोग मारे गये। बिहार के भाजपा अध्यक्ष की हैसियत से मैं स्थिति का जायजा लेने हिन्दू और मुस्लिम दोनों इलाको में गया और दोनों पक्षों को उर्दू के एक अज़ीम शायर का कलाम सुनाया,

तुम्हारी ग़ैर-पसन्दी से जले हैं कितने घर देखो,
जलेगा और घर किसका, तुम्हें अहसास क्या होगा,
बहाओ ख़ून सड़कों पर मगर इतना तो बतलाओ,
वतन जब ख़ून माँगेगा तुम्हारे पास क्या होगा?

मुझे तब बेहद दु:ख हुआ जब मेरे दौरे के अगले दिन बिहार विधानसभा में भाजपा के विधायक यशोदानन्द सिंह ने अख़बारों में बयान दे डाला कि, "हज़ारीबाग में भाजपा का नहीं अपितु मुस्लिम लीग का अध्यक्ष भ्रमण करने गया है।" एक राष्ट्रीय पार्टी के प्रदेश अध्यक्ष का एक ही समुदाय के लोगों को सान्त्वना देना क्या सही होता? 1989 के लोकसभा के चुनाव में भाजपा को हज़ारीबाग सीट से विजय हासिल हुई। अगले साल के विधानसभा चुनाव में भी भाजपा ही हज़ारीबाग से जीती। भाजपा जैसी बड़ी राष्ट्रीय पार्टी द्वारा राम मन्दिर जैसे धार्मिक मुद्दे को चुनावी घोषणा-पत्र में शामिल करना ख़तरे से ख़ाली नहीं था। मेरी शंकाएँ सच साबित होते समय नहीं लगा। उसी साल अगस्त में राम मन्दिर के नाम पर भागलपुर में साम्प्रदायिक दंगे भड़क उठे जिसका जिक्र लोकप्रिय ऑनलाइन अख़बार 'स्क्रोल' की एक रिपोर्ट—'ए फोरगॉटन रायट' को (एक दंगा जिसे दुनिया भूल गयी)— में कुछ इस तरह किया गया है :

''भागलपुर ज़िले में अगस्त 1989 में मुहर्रम के दौरान यह अफ़वाह फैलाई गयी कि एक कुएँ में दो सौ हिन्दुओं की लाशें पायी गयी हैं। हक़ीक़त में एक मुस्लिम परिवार के बारह सदस्यों को मार कर कुएँ में फेंक दिया गया था। इस तनावपूर्ण माहौल में विश्व हिन्दू परिषद् ने ईटें इकट्ठी कर 'रामशिला' के जुलूस निकालने शुरू कर दिये। अक्टूबर महीने में ऐसा ही एक प्रदर्शन मुस्लिम इलाक़े,

टटरपुर, से निकाला गया। प्रशासन की अनुमति न होने के बावजूद उसे वहाँ से गुज़रने से रोका नहीं गया। इल्ज़ाम तो यह लगा कि जुलूस पर पत्थर और बम फेंके गये जिसकी कोई पुष्टि अभी तक नहीं हो सकी है। दंगे भड़क उठे जिनमें दो हज़ार लोग मारे गये।''

पीपुल्स यूनियन फॉर डेमोक्रेटिक राइट्स (पी.यू.डी.आर.) के रिपोर्ट का हवाला देते हुए स्क्रोल ने लिखा है कि मरने वालों में अधिकांश मुसलमान थे। इन घटनाओं से मेरे मन में यह शंका घर करने लगी कि भाजपा कहीं देश भक्ति और साम्प्रदायिकता के बीच की सूक्ष्म रेखा को भूल तो नहीं गयी?

नवम्बर 1989 लोकसभा चुनाव के पूर्व सितम्बर में मुम्बई में हुए भाजपा के राष्ट्रीय सम्मेलन में जहाँ एक ओर शिव सेना से चुनावी समझौते पर मुहर लगायी गयी वहीं अल्पसंख्यकों के प्रति पार्टी का बदलता रवैया भी स्पष्ट हो गया। एक-एक करके हर एक छोटे-बड़े राज्य के प्रदेश अध्यक्ष विवरण प्रस्तुत करने के लिए स्टेज पर बुलाये गये। जब बिहार की बारी आयी तो रिपोर्ट देने का दायित्व मुझे न देकर कैलाश जी को दिया गया। इस घटना से मुझे यह आभास हो गया कि भाजपा का नेतृत्व मुझे टेढ़ी नज़र से देखने लगा है। बिहार जैसे बड़े और राजनीतिक तौर से महत्त्वपूर्ण राज्य का प्रतिनिधित्व अगर मुझे करने दिया जाता तो यह पार्टी की धर्मनिरपेक्षता का सबूत होता। वैसे भी भाजपा में अल्पसंख्यक नेता नाममात्र के होते हैं। साम्प्रदायिक दंगों ने एक नये राजनीतिक ध्रुवीकरण को जन्म दिया। 1989 के लोकसभा चुनाव में मुसलमानों ने केन्द्र एवं राज्य में कांग्रेस शासन के दौरान हुए भयानक दंगों से आहत होकर वी.पी. सिंह का दामन थाम लिया जो राजीव गाँधी के ख़िलाफ़ बोफोर्स मामले से नये नायक के रूप में उभरकर आये थे। राम मन्दिर की लहर पर सवार होकर भाजपा ने संसदीय चुनावों में पहली बार 85 सीटों पर जीत हासिल की वहीं मुस्लिम वोट के पुख्ता होने से जनता दल सबसे बड़ी पार्टी के रूप में उभरी। वी.पी. सिंह भाजपा के बाहरी समर्थन से प्रधानमन्त्री बन गये लेकिन दोनों पक्षों में अपना-अपना वोट बैंक बनाने की होड़-सी मच गयी।

फ़रवरी 1990 में बिहार विधानसभा चुनावों का बिगुल भी बज गया। दिल्ली के 11, अशोका रोड स्थित भाजपा कार्यालय में चुनाव समिति की बैठक बुलाई गयी जिसमें बिहार का प्रतिनिधित्व वहाँ के प्रभारी मुरली मनोहर जोशी, अश्विनी कुमार, गोविन्दाचार्य एवं मैंने किया। संयोग से कैलाश जी उस बैठक में उपस्थित नहीं हो सके। पटना से दिल्ली की हवाई यात्रा मैंने समरेश सिंह के साथ की थी। मैं दिनभर केन्द्रीय नेताओं के साथ प्रत्याशियों के चयन में अपनी राय देता रहा और शाम तक

कुछ ही चुनाव-क्षेत्रों को छोड़कर बाक़ी सभी सीटों पर सहमति बन गयी। मुझे दूसरे दिन समरेश सिंह के साथ ही पटना लौटना था। उन्होंने एक चिट भेजकर फ्लाइट का समय 11 बजे बताया।

बैठक के बाद मैं करोल बाग स्थित अपने पारिवारिक निवास में चला गया। एयरपोर्ट जाने से पहले मैं अपने बड़े भाई महेन्द्र सिंह, जो पास में ही रहते थे, को मिलने गया तो मुझे देखते ही उन्होंने पूछा कि, "तुम पटना वापस नहीं गये? समरेश सिंह ने टेलीफ़ोन किया था कि 11 बजे की फ्लाइट के बदले सुबह 8 बजे वाले प्लेन से जाना है। आप नामधारी जी को सूचना दे दीजिएगा।" मेरे निवास पर टेलीफ़ोन न होने के कारण भइया यह सूचना मुझे देना ख़ुद ही भूल गये थे। मुझे अफ़सोस तो बहुत हुआ पर समय बिताने के लिए पार्टी के दफ़्तर चला गया। मुझे देखकर अश्विनी कुमार ने कहा कि बिहार की बाक़ी सीटों पर ही चर्चा चल रही है आप भी शामिल हो जाइये। बैठक में जब 'गया' विधानसभा सीट पर विचार हुआ तो जोशी जी ने किसी बुजुर्ग प्रत्याशी का नाम प्रस्तावित किया। मैंने प्रेम कुमार के नाम का प्रस्ताव रखते हुए कहा कि इस युवक ने गया अधिवेशन में सबसे सक्रिय भूमिका निभायी थी और इसकी जाति के 30 हज़ार लोग गया शहर में रहते हैं। इसी तरह की नोक-झोंक दरभंगा और कुछ अन्य सीटों पर भी हो गयी।

मधुर सम्बन्धों के बावजूद, मेरे और जोशी जी में तू-तू, मैं-मैं हो गयी। प्रेम कुमार को तो 'गया' का प्रत्याशी चुन लिया गया लेकिन जोशी जी के दिल में मेरे प्रति गाँठ बँध गयी। बैठक समाप्त होने के बाद शाम को कैलाश जी भी दिल्ली पहुँच गये और उन्होंने मुझे कनॉट प्लेस के एक रेस्टोरेंट में बुलाया और पूछा, "जोशी जी आपसे इतने नाराज़ क्यों हैं? तुमने ऐसा क्या कह दिया?" मैंने उनको पूरी घटना सुना दी। वह दिन मेरे राजनीतिक जीवन का एक टर्निंग प्वाइंट साबित हुआ।

दूसरे दिन मैं पटना पहुँचा और पार्टी के द्वारा चयनित प्रत्याशियों की सूची जारी कर दी। 24 घण्टों के अन्दर ही यह अफ़वाह फैला दी गयी कि मैंने केन्द्रीय समिति द्वारा चयनित बहुत-से नामों को बदल दिया है जो सरासर ग़लत था। जिन लोगों को टिकटें नहीं मिली थीं उन्होंने भाजपा के पटना कार्यालय में तोड़फोड़ शुरू कर दी जिनमें आज के केन्द्रीय मन्त्री गिरिराज सिंह भी शामिल थे।

इस घटना के बाद चयनित सूची में से कई प्रत्याशियों के नाम बदल दिये गये लेकिन मैं डालटनगंज लौटकर अपने चुनाव में व्यस्त हो गया। भारी बहुमत से चुनाव जीतकर जब मैं पटना पहुँचा तो प्रदेश प्रभारी गोविन्दाचार्य जी ने टेलीफ़ोन

करके मुझे दिल्ली बुलाया। मेरे दिल्ली पहुँचने पर उन्होंने मुझसे कहा कि आप अध्यक्ष पद से त्याग-पत्र दे दीजिए। मैंने उनके चैम्बर में ही त्याग-पत्र लिखकर उनको सौंप दिया। मेरे त्याग-पत्र की सूचना चूँकि अख़बार वालों को मिल गयी थी इसलिए पटना पहुँचते ही पत्रकारों ने मुझे घेर लिया और त्याग-पत्र का कारण पूछा तो मैंने कह डाला, "मेरी इस ख़ता पर रहबरी छीनी गयी मुझसे, कि हमसे कारवाँ मंज़िल पर लुटवाया नहीं जाता"।

भाग्यवादी तो मैं शुरू से ही था इस घटना ने मुझे एक बार फिर यह अहसास करा दिया कि होता वही है जो होनहार है। न मेरी फ्लाइट छूटती, न मैं भाजपा कार्यालय जाता और न ही मेरी जोशी जी से ठनती। भारत के महान कूटनीतिज्ञ चाणक्य ने भी कहा है :

तादृशी जायते बुद्धिः व्यवसायोऽपि तादृशः।
सहायास्तादृशा सर्वे यादृशी भवितव्यता।।

अर्थात् होनी इतनी बलवान होती है कि मनुष्य की बुद्धि और उसके सारे निर्णय उसी दिशा में होने लगते हैं। क्या यही सच है या फिर हमारे निर्णय ही हमारा भाग्य बनाते हैं, इनमें से कौन-सा सिद्धान्त सही है? आने वाले समय में मैं इस पर भी सोचने पर मजबूर हो गया। इस पूरे घटनाक्रम में मैं महसूस करता हूँ कि झारखण्ड राज्य के निर्माण में मेरी सकारात्मक भूमिका भी एक बड़ा कारण था।

मण्डल और कमण्डल का दौर

फ़रवरी 1990 के चुनाव ने बिहार की सियासत का नक़्शा ही बदल दिया। लोकसभा चुनाव की तर्ज़ पर हिन्दू-मुस्लिम वोटों के ध्रुवीकरण ने रफ़्तार पकड़ ली। भाजपा को 39 सीटों पर सफलता मिली और जनता दल 122 सीटें जीतकर बिहार में सबसे बड़ा घटक बनकर उभरा। यहाँ भी उसे भाजपा की बैसाखी की ज़रूरत पड़ी। जे.पी. आन्दोलन में छात्र नेता के रूप में उभरे लालू प्रसाद यादव जो बीते वर्ष सांसद चुने गये थे अब मुख्यमन्त्री की रेस में आ गये। उनका मुक़ाबला बुजुर्ग और सरल स्वभाव के पूर्व मुख्यमन्त्री राम सुन्दर दास से था, जिन्हें प्रधानमन्त्री वी.पी. सिंह का समर्थन प्राप्त था। वहीं लालू पर तत्कालीन भाजपाध्यक्ष आडवाणी जी का वरदहस्त था। जनता दल को चूँकि बहुमत हासिल नहीं हुआ था, भाजपा के बाहरी समर्थन से लालू पहली बार मुख्यमन्त्री के पद पर आसीन हो गये।

विधानसभा का सत्र शुरू होने के एक दिन पहले मैं अपने घनिष्ठ मित्र, विधायक गोपीनाथ सिंह (गोपाल जी), के पटना आवास में ठहर गया। गोपीनाथ सिंह रंका के राज परिवार से थे और वे कई बार गढ़वा सीट से विधायक बनते आ रहे थे। उनके घर शाम को विजयी विधायकों की एक अनौपचारिक बैठक हुई जिसमें 28 सदस्य शामिल हुए। मेरे समर्थक समरेश सिंह के प्रस्ताव पर 28 विधायकों ने मुझे विधायक दल का नेता बनाने का निर्णय कर लिया। इसके पहले कि दूसरे दिन शाम को विधायक दल की विधिवत बैठक होती, मुझे दोपहर में ही भाजपा कार्यालय आने को कहा गया। वहाँ जाने पर मुझसे कहा गया कि वरीय नेताओं की इच्छा है कि नेता का चुनाव विधायकों की बैठक न बुलाकर उनका चयन वरिष्ठ नेताओं के विवेक पर छोड़ दिया जाये। मैंने कहा—परम्परा तो यह है कि नेता का चुनाव विधायकों की बैठक कराकर ही किया जाता। मैंने जब उनके मशविरे को अमान्य कर दिया तो मात्र एक घण्टे के अन्दर ही दिल्ली से फ़रमान जारी हो गया कि मुझे और समरेश सिंह दोनों को पार्टी से निलम्बित कर दिया गया है। पत्रकारों को जैसे ही

निलम्बन की भनक लगी उनके फ़ोन आने शुरू हो गये। निलम्बन की वजह पूछने पर मैंने सिर्फ़ इतना कहा, "गुनहगारों में शामिल हैं, गुनाहों की ख़बर नहीं, सज़ा तो जानते हैं, पर ख़ुदा जाने ख़ता क्या है?"

इस तरह अकारण निलम्बित करके मुझे विधायक दल के नेता का चुनाव लड़ने से तो वंचित कर दिया गया पर भाजपा भी अपने मनोनुकूल व्यक्ति को नेता का पद नहीं दिलवा सकी। विवश होकर छोटा नागपुर के ही ललित उराँव को विधायक दल का नेता बनाना पड़ा। उराँव गुमला की सिसई सीट से चुने गये थे और आगे जाकर दो बार लोहरदगा से सांसद भी बने। परोक्ष रूप से उराँव की जीत मेरी ही जीत थी क्योंकि अनौपचारिक बैठक में मुझे नेता चुनने वाले विधायकों में ललित उराँव भी शामिल थे। निलम्बन की अप्रत्याशित कार्रवाई के बाद यह स्पष्ट हो गया कि भाजपा मुझे बहुमत होने के बावजूद विधायक दल का नेता बनाने के पक्ष में नहीं थी। प्रदेश का भाजपा अध्यक्ष बनकर चूँकि मैं झारखण्ड को अलग राज्य बनाने का कट्टर समर्थक बन गया था इसलिए बिहार के विभाजन न चाहने वाले नेताओं ने मुझे विधायक दल का नेता नहीं बनने दिया। मेरे कट्टर समर्थकों को पार्टी की यह अलोकतान्त्रिक एवं तानाशाही कार्रवाई नागवार गुज़री और 13 विधायकों ने बग़ावत कर दी। बागी विधायकों ने स्पीकर गुलाम सरवर को दरख़्वास्त दी कि विधानसभा में उन्हें अलग गुट के रूप में मान्यता दी जाये। उन दिनों संविधान की दसवीं अनुसूची में पार्टी के एक-तिहाई सदस्यों के अलग हो जाने को दल-बदल नहीं अपितु पार्टी की टूट माना जाता था। भाजपा के कुल 39 विधायकों में 13 की बग़ावत एक-तिहाई बन गयी जिसके चलते स्पीकर गुलाम सरवर ने इसे भाजपा का विभाजन बताते हुए हमारे गुट को नये घटक की मुहर लगा दी। भाजपा के नये मनोनीत प्रदेश अध्यक्ष ताराकान्त झा जो एक नामचीन वकील थे, ने स्पीकर के फ़ैसले को पटना हाईकोर्ट में चुनौती दी जिसे कोर्ट ने ख़ारिज कर दिया।

नये घटक के सदस्यों ने पार्टी का नाम 'सम्पूर्ण क्रान्ति दल' रखा और यह तय हुआ कि संगठन को मज़बूत करने का काम मैं देखूँगा और उसके आर्थिक पक्ष को समरेश सिंह, जो एक स्थापित श्रमिक नेता थे। सत्रावसान के बाद नये दल को संगठित करने के लिए रामगढ़ में एक बैठक रखी गयी। मैं इन्तज़ार करता रह गया पर समरेश सिंह वहाँ नहीं पहुँचे। कुछ ही दिनों बाद वे चार अन्य विधायकों के साथ केन्द्रीय नेता जसवन्त सिंह के माध्यम से भाजपा में पुनः शामिल हो गये। अगस्त 1990 में वी.पी. सिंह ने मण्डल कमीशन की लम्बित सिफ़ारिशों को अचानक लागू कर दिया और पूरे देश में हिंसा भड़क उठी। कमीशन के द्वारा चूँकि

सरकारी नौकरियों एवं शिक्षण संस्थानों में पिछड़े वर्ग को 27 प्रतिशत आरक्षण देने की सिफ़ारिश की गयी थी इसलिए कई सवर्ण युवक आत्मदाह करने पर आमादा हो गये।

मण्डल के जवाब में भाजपा ने कमण्डल का सहारा लिया जिसके चलते देश में जात-पात के साथ धार्मिक उन्माद भी पैदा हो गया क्योंकि आडवाणी जी ने अयोध्या में राम मन्दिर निर्माण के लिए गुजरात के सोमनाथ मन्दिर से अयोध्या तक की रथयात्रा शुरू कर दी। गुजरात का एक अनजान चेहरा, नरेन्द्र मोदी, इस रथयात्रा के संचालक बने। किसे पता था कि यह महाशय आगे जाकर आडवाणी जी को दरकिनार करके ख़ुद ही देश के प्रधानमन्त्री बन जायेंगे।

23 अक्टूबर 1990 का दिन भारत के इतिहास में दर्ज हो चुका है क्योंकि उस दिन लालू यादव ने नहले पर दहला मारते हुए एक बड़ा राजनीतिक दाँव चला और आडवाणी के रथ को बिहार की सीमा में तो प्रवेश करने दिया लेकिन पटना से समस्तीपुर पहुँचने पर उन्हें गिरफ़्तार कर लिया। यह वही लालू यादव थे जो आडवाणी जी के आशीर्वाद से मुख्यमन्त्री बने थे। शायद इसीलिए कहा जाता है कि राजनीति में न कोई स्थायी मित्र होता है और न शत्रु। आडवाणी जी को दुमका ज़िला के मसान जोर में एक रमणीक स्थल पर बने बंगले में नज़रबन्द कर दिया गया। ऐसा करने से पहले लालू यादव ने आडवाणी जी को 1989 में हुए दंगों का हवाला देते हुए रथयात्रा न करने की गुज़ारिश की थी लेकिन आडवाणी जी नहीं माने। प्रतिक्रिया में आकर भाजपा ने केन्द्रीय सरकार से अपना समर्थन वापस ले लिया जिसके चलते वी.पी. सिंह को भी प्रधानमन्त्री पद से हाथ धोना पड़ा।

जनता दल से रूठ कर अलग हुए चन्द्रशेखर भी इसी मौक़े की तलाश में थे। हरियाणा के दिग्गज नेता और इंडियन नेशनल लोकदल (आई.एन.एल.डी.) के कर्त्ताधर्त्ता देवी लाल एवं राजीव गाँधी के सहयोग से चन्द्रशेखर ने प्रधानमन्त्री के पद की शपथ ले ली।

कहावत है कि, "बिल्ली के भाग से छीका फूटा।" कुछ ऐसा ही मेरे और भाजपा के बीच हुई तकरार का फ़ायदा लालू यादव को हुआ। भाजपा के समर्थन वापस लेने से लालू यादव की सरकार भी अल्पमत में आ गयी। कइयों का मानना है कि मैंने भाजपा से बग़ावत करके लालू यादव को नया जीवनदान दिया लेकिन वास्तविकता कुछ और ही थी। मण्डल और कमण्डल की इस उठा-पटक में मैं चाहता था कि चुनाव आयोग से मान्यता लेकर हमारे गुट को एक अलग राजनीतिक

दल की मान्यता मिल जाये। हमारी इस योजना पर लालू यादव ने बड़ी चतुराई से पानी फेर दिया। मेरे साथ बचे भाजपा के बाक़ी 7 बागी विधायक पिछड़ी जाति के थे, जिसके चलते उनका झुकाव मण्डल आयोग की सिफ़ारिशों की तरफ़ था। मैंने लालू जी से आग्रह किया कि हमारा घटक जनता दल को एक गठबन्धन के रूप में सहयोग देगा लेकिन वे टरकाते रहे। आखिरकार मैंने लालू जी पर ठोस कदम उठाने का दबाव डाला तो उन्होंने आश्वासन दिया कि प्रधानमन्त्री सह जनता दल के राष्ट्रीय अध्यक्ष वी.पी. सिंह से अनुमति लेकर कर देंगे। वे मुझे अपने साथ दिल्ली भी लें गये। वहाँ दो दिन तक रहने के बाद मुख्यमन्त्री ने मुझे कहा कि प्रधानमन्त्री से मुलाक़ात का समय नहीं मिल पा रहा है और हम दोनों ख़ाली हाथ पटना लौट आये। मेरी पक्की धारणा है कि लालू यादव हमारे गुट को एक अलग दल के रूप में खड़ा नहीं करना चाहते थे। मुमकिन है कि मेरे अन्य साथी लालू यादव के सीधे सम्पर्क में थे और वे जनता दल में विलय का मन बना चुके थे। मैं तनहा बच गया और मेरे सामने बहुमत के साथ जाने के सिवा कोई विकल्प नहीं बचा। आख़िरकार हमारे गुट का अस्तित्व जनता दल में मिलकर ख़त्म हो गया।

चन्द्रशेखर भी कुछ ही महीनों में सत्ता गँवा बैठे। राजीव गाँधी ने समर्थन वापस ले लिया और देश पर एक बार फिर मध्यावधि चुनाव आ खड़ा हुआ। दुर्भाग्य से चुनाव प्रचार के दौरान 21 मई 1991 के दिन राजीव गाँधी पर तमिलनाडु के श्रीपैरम्बदूर में हुए आत्मघाती हमले में दर्दनाक मौत हो गयी।

इन्दिरा गाँधी की हत्या के बाद हुए नरसंहार के बाद डर यही था कि कहीं सिखों का दोबारा क़त्लेआम न शुरू हो जाये। मैं डालटनगंज में अपने बाल-बच्चों के साथ छत पर सो रहा था जब आधी रात पुलिस ने घेरा डाल दिया। लालबत्तियों और सायरन से घबराकर जब मैं नीचे उतरा तो तत्कालीन एस.पी. पी.के. सिद्धार्थ सामने खड़े थे। उन्होंने बताया कि राजीव गाँधी की हत्या कर दी गयी है और मेरी सुरक्षा के कड़े इन्तज़ाम कर दिये गये हैं। ख़बर सुनते ही मैं सिहर गया और मेरे भाई-भतीजे भी काम-धन्धा छोड़कर घर में बैठ गये। कुछ ही घंटों बाद ख़बरों से पता चला कि राजीव गाँधी को एल.टी.टी.ई. ने श्रीलंका में भारतीय सैनिकों की तैनाती का बदला लेने के लिए निशाना बनाया था। एक बार फिर गाँधी परिवार के सर्वोच्च नेता की जघन्य हत्या से देश में सहानुभूति की लहर दौड़ गयी। अगली सरकार कांग्रेस की बनी और पी.वी. नरसिम्हाराव देश के प्रधानमन्त्री चुने गये।

लालू यादव ने मुझे अपने मन्त्रिमण्डल में शामिल करने की पुरज़ोर कोशिश की जिसे मैंने यह कहकर अस्वीकार कर दिया कि मैं भाजपा के चुनाव-चिह्न से

जीता हूँ इसलिए मन्त्री बनना मेरी नैतिकता के प्रतिकूल होगा। रिझाने के लिए लालू जी ने मुझसे बिना पूछे ही मुझे बिहार राज्य पथ परिवहन निगम का अध्यक्ष मनोनीत कर दिया लेकिन मैंने अगले चुनाव तक किसी भी सरकारी पद पर जाने से साफ़ इनकार कर दिया। आने वाले वर्षों में जनता दल में मैंने मुस्लिम और पिछड़े वर्ग के तुष्टीकरण की राजनीति का अद्‌भुत नज़ारा देखा।

मन्त्री पद की घुटन

1990 के दशक की शुरुआत में भारत की आर्थिक स्थिति इतनी बदतर हो गयी थी कि पी.वी. नरसिम्हाराव की कांग्रेस सरकार के पास उदारीकरण की नीति अपनाने के सिवाय कोई चारा नहीं बचा। इस कठिन काम को पूरा करने का ज़िम्मा उन्होंने अपने शान्त स्वभाव के वित्तमन्त्री मनमोहन सिंह पर डाला। जब देश इस कठिन दौर से गुज़र रहा था जनता दल और भाजपा में अपना वोट बैंक बनाने की होड़ मच गयी। जनता दल ने जहाँ मण्डल आयोग की सिफ़ारिशें लागू करके पिछड़े वर्ग के वोटों का ध्रुवीकरण कर लिया वहीं 06 दिसम्बर 1992 में बाबरी मस्जिद को गिराकर भाजपा ने कट्टर हिन्दू वोट को पुख़्ता कर लिया।

मण्डल और कमण्डल दोनों का फ़ायदा लालू यादव ने बाखूबी उठाया। अपनी पहली पारी में ही आडवाणी जी की रथयात्रा को रोककर उन्होंने मुस्लिम समाज की सहानुभूति हासिल कर ली और मण्डल आयोग से पिछड़े वर्ग के हौसले बुलन्द होने लगे और देखते-ही-देखते पासा ऐसा पलटा कि सदियों से चल रहे उच्च जाति के वर्चस्व को पिछड़ी जातियों से खुलेआम चुनौती मिलने लगी। 1995 के बिहार विधानसभा चुनाव के दौरान लालू यादव की तूती बोल रही थी। मुस्लिम-यादव (एम.वाई.) के समीकरण को 'सामाजिक न्याय' का नाम देकर लालू यादव की कोशिश तो उसे समावेशी दर्शाने की थी लेकिन असल में वह उनका निजी वोट बैंक बन गया जो आज तक कायम है।

मैंने भी जनता दल के चक्र छाप से चुनाव लड़ा और तीसरी बार भारी मतों से विजयी हुआ। डालटनगंज की जनता ने धर्म और जाति से ऊपर उठकर एक बार फिर मेरी निष्ठा को चुना। अभी तक तो मैं लालू यादव के देहाती लहजे और सरल स्वभाव से प्रभावित था लेकिन उनकी राजनीतिक चतुराई का पता लगते देर नहीं लगी।

बिहार में मन्त्रिमण्डल का गठनं होने लगा तो लालू जी ने मुझे सूचित किया कि वे मुझे मन्त्री बनाना चाहते हैं। मैंने उनकी बात को सहर्ष स्वीकार किया पर किसी विशेष विभाग की माँग नहीं की। मन्त्री पद की शपथ लेकर मैं डालटनगंज चला आया और दूसरे दिन अख़बारों में पढ़ा कि मुझे राजस्व, भूमि सुधार एवं परिवहन विभाग दिये गये हैं। चाहता तो मैं यह था कि मुझे ऐसा विभाग मिले जिससे बिहार पर 'बीमारू राज्य' होने का कलंक मिटाया जा सके, पर जो मिल गया उसी को मैंने मुक़द्दर समझ लिया और पूरे मन से इन तीनों विभागों की कमान सँभाल ली।

भूमि और राजस्व विभाग की जड़ता को ख़त्म करना मेरे लिए सबसे बड़ी चुनौती थी। हज़ारों एकड़ सरकारी ग़ैर-मंजरूआ (ख़ाली) ज़मीन पर दबंगों का क़ब्ज़ा था और दलित वर्ग के अधिकतर लोग भूमिहीन थे। पूरे प्रदेश में एक मुहिम के तहत भूमि वितरण के शिविर लगाये गये। पहले ज़मीन की जमाबन्दी पुरुषों के नाम पर होती थी, इसे बदलकर स्त्रियों के नाम पट्टा देना शुरू किया गया। इसके पीछे एक सामाजिक सुधार भी था क्योंकि पुरुष अक्सर किसी बुरी लत के चलते ज़मीन गिरवी रख देते हैं। पलामू ज़िले में तो ऐसे शिविरों की होड़ लग गयी और पूरे बिहार में हज़ारों ग़रीब ज़मीनों के मालिक बन गये। इस मुहिम से पटना में ख़तरे की घण्टी बज गयी।

एक शाम जब मैं पटना से डालटनगंज आ रहा था तो पलामू के तत्कालीन उपायुक्त के.पी. रमैया औरंगाबाद और पलामू के बॉर्डर पर फोर्स के साथ खड़े थे। जब मेरी गाड़ी रुकी तो उन्होंने मुस्कुराते हुए कहा, "सर आज मैं आपकी ख़ुद अगवानी करने आया हूँ।" यह कहकर वे मेरे साथ कार में बैठ गये। कुछ ही देर में उन्होंने मेरे कान में बुदबुदाया, "सर मैं रात को सो नहीं पाया। मुख्यमन्त्री जी का रात 11 बजे के क़रीब फ़ोन आया और उन्होंने सीधे पूछा कि बिहार का मुख्यमन्त्री कौन है? मैंने जवाब दिया, 'सर आप!' उन्होंने कहा कि तुम्हारे लिए तो नामधारी मुख्यमन्त्री है। भूमि वितरण के जितने कैम्प लग रहे है उसका श्रेय किसको मिल रहा है? मैंने कहा, 'सी.एम. होने के नाते श्रेय आपको ही जाता है सर', पर उन्होंने फ़ोन काट दिया।"

रमैया की बात सुनकर मैं स्तब्ध रह गया। मैंने सोचा तक नहीं था कि मुख्यमन्त्री मेरे काम को इतनी टेढ़ी नज़र से देखेंगे। रमैया का रहस्योद्घाटन मेरे कान खड़े कर गया क्योंकि कोई भी नौकरशाह मुख्यमन्त्री की ऐसी बातें सुनकर मन्त्री के कहने पर कभी नहीं चलेगा। कुछ इसी तरह की घटना परिवहन विभाग में भी हो गयी।

उन दिनों ट्रक वालों से पैसा वसूली के कारण बिहार काफ़ी बदनाम था। लगभग सभी ट्रक ओवर लोडिंग करते थे, जिससे न सिर्फ़ सड़कें जर्जर हो रही थीं प्रदेश के ख़ज़ाने में पैसा आने के बजाय पुलिस और परिवहन विभाग के अफ़सरों की जेबों में जा रहा था। जैसे ही यह ख़बर फैली कि एक सिख बिहार का परिवहन मन्त्री बन गया है, तो मुझे प्रदेश के कोने-कोने से सिख ट्रक ड्राइवरों के फ़ोन आने लगे कि पुलिस और परिवहन अधिकारी उनसे ज़बरन रिश्वत की वसूली करते हैं। बिहार की बिगड़ी छवि को सुधारने के लिए मैंने कड़ाई के साथ क़ानून लागू किया कि कोई भी छह टायरों वाला ट्रक क़ानून के मुताबिक़ साढ़े नौ टन से ज़्यादा भार नहीं ढोयेगा। रिश्वत को जड़ से ख़त्म करने के लिए बड़ी कम्पनियों पर भी अंकुश लगाना ज़रूरी था।

जमशेदपुर में टाटा स्टील की गाड़ियाँ बहुत बड़ी संख्या में रोज़ाना स्टील शीट के रौल लेकर चलती हैं। एक ट्रक पर चार रौल लाद दिये जाते जो अपेक्षित लोड से कई गुणा ज़्यादा होते थे। एक दिन जब मैंने राँची-जमशेदपुर रोड पर चेकिंग की तो टाटा की कई गाड़ियाँ ओवरलोड में पकड़ी गयीं और उन्हें बड़ी राशि जुर्माने में देनी पड़ी। टाटा पर कड़ाई होते ही बाक़ी के ट्रांसपोर्टर ख़ुद-ब-ख़ुद रास्ते पर आ गये लेकिन यह कार्रवाई लम्बे समय तक नहीं चल सकी।

कुछ दिनों के बाद जब मैं पुनः जमशेदपुर रोड पर गया तो पाया कि टाटा की गाड़ियाँ धड़ल्ले से ओवरलोडिंग कर रही हैं। मैंने जब डी.सी. और एस.पी. को परिसदन में बुलाकर कारण पूछा तो डी.सी. गोरे लाल यादव ने धीरे-से मेरे कान में कहा कि, "सर, माननीय मुख्यमन्त्री जी का आदेश है कि टाटा की गाड़ियाँ न पकड़ी जायें।"

मैं लाचार महसूस करने लगा क्योंकि मुख्यमन्त्री राज्य सरकार का मुखिया होता है और मन्त्री उनके मातहत काम करते हैं। मेरी हरेक मेहनत पर पानी फिर रहा था। इससे पहले कि मैं कोई क़दम उठाता लालू यादव ने अपनी अगली बाज़ी चल दी। मई 1996 में लोकसभा के चुनाव का ऐलान हो चुका था और मुख्यमन्त्री ने मुझे बुलाकर कहा, "आप जमशेदपुर से चुनाव लड़िये।" मैंने विनम्रता से इनकार करते हुए कहा, "जमशेदपुर मेरा कर्मक्षेत्र नहीं है" लेकिन लालू यादव अपनी बात पर अड़े रहे और बोले, "जमशेदपुर में सिख बड़ी संख्या में रहते हैं इसलिए आप चुनाव जीत जायेंगे।" उनकी कूटनीति शायद यह रही हो कि अगर मैं जीत गया तो दिल्ली चला जाऊँगा और यदि हार गया तो अपना मनोबल खो बैठूँगा।

जैसे ही मैंने चुनाव लड़ने की चुनौती स्वीकार की भाजपा में हलचल मच गयी। जमशेदपुर भाजपा का गढ़ था जहाँ से रुद्रप्रताप सारंगी कई बार चुनाव जीत चुके थे। भाजपा ने फिर एक बार धार्मिक दाँव खेला। उन दिनों 'महाभारत' सीरियल सुर्खियों में था और उसमें भगवान कृष्ण की भूमिका निभा रहे नीतीश भारद्वाज की लोकप्रियता आसमान छू रही थी। महिलाएँ चुनाव प्रचार के दौरान 34 साल के भारद्वाज की आरती तक उतारतीं। कहते हैं हार-जीत भगवान के हाथ में होती है और यहाँ तो मेरा मुक़ाबला साक्षात् भगवान से ही था। फ़िल्मी और अन्य नामी हस्तियों को वैसे भी चुनाव-क्षेत्र में कुछ करने की आवश्यकता नहीं पड़ती। कइयों ने धार्मिक भावनाओं में बहकर, "भगवान् कृष्ण" को वोट दिया और मैं पचपन हज़ार वोटों से हार गया। अगर सीधा मुक़ाबला होता तो मैं जीत भी सकता था लेकिन तीसरे स्थान पर झारखण्ड मुक्ति मोर्चा के शैलेन्द्र महतो और चौथे स्थान पर कांग्रेस के राजपूत प्रत्याशी के.पी. सिंह ने भी मेरे काफ़ी वोट काटे।

मुझे अपनी हार का मलाल नहीं हुआ क्योंकि कर्म क्षेत्र न होने के बावजूद जमशेदपुर की जनता ने दिल खोलकर मेरा साथ दिया। इस चुनाव के बाद जमशेदपुर में कई लोगों के साथ मेरे रिश्ते इतने प्रगाढ़ हो गये कि तीन दशकों के बाद आज भी उनके साथ दु:ख-सुख में आना-जाना लगा रहता है। कुछ चेहरे तो ऐसे भी हैं जो भुलाये नहीं भूलते जिनमें प्रमुख हैं गुरदीप सिंह पप्पू, एस.एन. गुलज़ार, हरजीत सिंह बिट्टू, कुलविन्दर सिंह घोतरा, शंकर मुखी, एम.एन. खान इत्यादि।

1996 के चुनाव में भाजपा ही लोकसभा में सबसे बड़ी पार्टी बनकर उभरी और वाजपेयी जी ने प्रधानमन्त्री की पहली बार शपथ ली। बहुमत सिद्ध न कर पाने के कारण 13 दिनों में ही उन्हें त्याग-पत्र देना पड़ा। यह चुनाव भाजपा में बढ़ते हुए हिन्दुत्व को और मज़बूती दे गया। वाजपेयी जी के बाद जनता दल (एस) के एच.डी. देवेगौड़ा मात्र दस महीनों के लिए प्रधानमन्त्री बने और अगले बारह महीनों के लिए जनता दल के इन्द्रकुमार गुजराल।

हारने के बावजूद मैंने जमशेदपुर की जनता से जो वायदे किये थे उन्हें निभाने की पूरी कोशिश की। चुनाव प्रचार के दौरान मैं जिस भी कोलोनी में पहुँचता जनता एक ही माँग रखती कि सरकार द्वारा टाटा कम्पनी को लीज पर दी गयी ज़मीन पर बने उनके मकानों को यथोचित क़ीमत लेकर उनके नाम कर दिया जाये। जमशेदपुर में इस तरह की 85 कॉलोनियाँ थीं जिनमें हज़ारों लोग टाटा कम्पनी को लीज पर दी गयी ज़मीन पर अपने जीवन भर की कमाई लगाकर मकान बना चुके थे। प्रभावित परिवारों का कहना था कि टाटा कम्पनी के अफ़सर और सरकारी पदाधिकारी मकान

तोड़ने का भय दिखाकर अक्सर उनका दोहन करते हैं। मैंने जनता की माँग के अनुसार एक संचिका बनाकर कार्रवाई के लिए मुख्यमन्त्री को अग्रसारित कर दी।

चुनाव का ज़िक्र करते हुए मैंने लालू यादव से अनुशंसा की कि उचित सलामी लेकर आवासीय ज़मीन को प्रभावितों के नाम कर दिया जाये। कुछ दिनों बाद संचिका जब मेरे पास वापस आयी तो मैं अवाक् रह गया। मुख्यमन्त्री जी ने फ़ाइल को मुख्य सचिव ए.के. बसाख के हवाले कर दिया था जिन्होंने मेरी अनुशंसा का विरोध करते हुए लिख दिया, "यदि मन्त्री जी के परामर्श को मान लिया जाये तो अतिक्रमण को बढ़ावा मिलेगा। सरकार को चाहिए कि तमाम मकानों को ध्वस्त कर दिया जाये।" मुख्य सचिव की टिप्पणी पर मुख्यमन्त्री ने '**यथाप्रस्तावित**' लिखकर अपने हस्ताक्षर कर दिये थे।

इस आघात के तुरन्त बाद खासमहल की ज़मीन को लेकर एक और मतभेद पैदा हो गया। डालटनगंज एवं बिहार के कई शहरों में खासमहल की ज़मीन अंग्रेज़ों के समय से लोगों के नाम तीस वर्षों की लीज पर दी गयी है। लीज का चूँकि नवीकरण बन्द था इसलिए लीजधारी न तो बैंकों से ऋण ले सकते थे और न ही अपनी पूँजी लगाकर कोई व्यावसायिक संस्थान खड़ा कर सकते थे।

राजस्व मन्त्री होने के नाते मेरे पास पूरे बिहार से आवेदन आते थे कि खासमहल की ज़मीन को यू.पी. और दिल्ली की तर्ज़ पर सलामी लेकर फ्री होल्ड कर दिया जाये। मैंने दोनों राज्यों का विवरण देखा और विधिवेत्ताओं एवं शहरों के कई प्रसिद्ध वकीलों को बुलाकर खासमहल की ज़मीन को फ्री होल्ड में तब्दील करने की पूरी रूपरेखा बनाकर मुख्यमन्त्री जी को भेज दी। वित्त विभाग चूँकि मुख्यमन्त्री के पास था, यह प्रस्ताव उनकी सहमति के बाद ही कैबिनेट में पेश होता। जब कई महीने बीत गये तो मुझे यह जानकर खेद हुआ कि लालू यादव ने मेरी फ़ाइल ग़ौर करने लायक भी नहीं समझी।

मैं कुछ ठोस न कर पाने से निराश तो था ही 'सामाजिक न्याय' के नाम पर हो रही ज़्यादतियों ने भी मेरा मोहभंग कर दिया। कुछ मामले मेरे विभाग के सामने भी आये। मेरे द्वारा राजस्व विभाग में अंचल पदाधिकारियों के किये गये सामूहिक तबादलों की लिस्ट में मेरे एक परिचित व्यक्ति के दामाद भी शामिल थे जो ऊँची जाति के थे। सूची जारी होते ही उस क्षेत्र के विधायक मेरे पास आ पहुँचे और कहा, "सर, आप हमको चुनाव हरवाना क्यों चाहते हैं?" मैं उनकी बात सुनकर हैरान हो गया और पूछा, "हमने ऐसा क्या कर दिया?" उसने जवाब दिया, "आपने उच्च जाति के अधिकारी को मेरे क्षेत्र में भेज दिया है जो चुनावों में मेरी हार का

कारण बनेगा।" विधायक जी तब तक मेरे कार्यालय में डटे रहे जब तक मैंने उस पदाधिकारी को दूसरे अंचल में ट्रांसफर नहीं किया। दूसरे अंचल का विधायक भी पिछड़ी जाति का ही था। वह भी मेरे पास पहुँच गये और उन्होंने भी वही बात दोहराई, "सर, हमको चुनाव जीतने दीजिए। आप किसी सामाजिक न्याय के अफ़सर को ही मेरे अंचल में भेजें।" मजबूरन मुझे उस युवा पदाधिकारी जिसकी पहली पोस्टिंग दरभंगा के सी.पी.आई. के एक सवर्ण विधायक के क्षेत्र में करनी पड़ी। इस तरह की धार्मिक एवं जातीय घेराबन्दी से मैं सोचने पर मजबूर हो गया कि आख़िर यह कैसा सामाजिक न्याय है जहाँ पदाधिकारियों की योग्यता उनकी जाति के सामने बौनी पड़ रही है।

मैं न सिर्फ़ मन्त्री पद की घुटन महसूस कर रहा था, मुझे धर्म और जाति की तुष्टिकरण की राजनीति भी विचलित कर रही थी। लालू यादव को शायद एक ग़लतफ़हमी हो गयी थी कि मन्त्रियों के लिए लाल बत्ती की गाड़ियाँ ही काफ़ी होती हैं जिसके चलते वे उन्हें कई बार अपमानित भी कर दिया करते थे। मैं सोचने पर मजबूर हो गया कि मन्त्री बनकर जब जनता की मूलभूत समस्याओं का हल नहीं कर पा रहा हूँ तो मेरे मन्त्री पद पर बने रहने का औचित्य क्या है? आख़िरकार मैंने त्याग-पत्र देने का मन बना लिया।

ऐसा नहीं था कि मैंने यह फ़ैसला अचानक ही ले लिया। घुटन महसूस होने पर मैं दो बार पहले भी उन्हें त्याग-पत्र सौंप चुका था। पहली बार उन्होंने मेरे सामने ही उसे फाड़कर फेंक दिया था और दूसरी बार मैं अपना इस्तीफ़ा उनके नज़दीकी, सिंचाई मन्त्री जगदानन्द सिंह को थमाकर डालटनगंज के लिए निकल पड़ा था। उस बार भी लालू जी ने मुझे टेलीफ़ोन करके कहा, "आप इतनी जल्दी नाराज़ क्यों हो जाते हैं?" इससे पहले कि मैं उनको कुछ जवाब देता उन्होंने टेलीफ़ोन पर ही मेरे त्याग-पत्र को फाड़ते हुए कहा, "रऊआ आवाज़ सुन लीहूँ त्याग-पत्र के हम फाड़तानी।"

मैंने तीसरा और आख़िरी इस्तीफ़ा मई 1997 में मुख्यमन्त्री आवास पर भेजने से पहले अख़बारों को प्रेषित कर दिया। लालू यादव तब तक चारा घोटाले में घिर चुके थे और ज़्यादा समय दिल्ली में ही गुज़ारते थे। तत्कालीन प्रधानमन्त्री इन्द्रकुमार गुजराल जो कांग्रेस के समर्थन से गठबन्धन सरकार चला रहे थे, चाहकर भी लालू यादव की मदद नहीं कर पा रहे थे। अपने इस्तीफ़े में मैंने चारा घोटाले का भी हवाला देते हुए लिखा था कि मैं एक दागी मुख्यमन्त्री के अधीन काम नहीं कर पाऊँगा। इस्तीफ़ा पहुँचते ही पत्रकारों के फ़ोन मुख्यमन्त्री आवास पर गनगनाने लगे। उनके

दफ़्तर से मेरे आवास पर भी कई फ़ोन आये पर यही जवाब दिया गया कि मन्त्री जी घर पर नहीं हैं। लालू यादव ने मेरा त्याग-पत्र लगभग एक महीने तक स्वीकार नहीं किया और अपने कई विश्वासपात्रों को मुझे मनाने के लिए भेजते रहे। शंकर प्रसाद टेकरीवाल और इलियास हुसैन जैसे मन्त्री भी मेरे पास आये पर मैं अपने फ़ैसले पर अटल रहा। लालू जी को मजबूर होकर एक महीने बाद मेरा इस्तीफ़ा स्वीकार करना ही पड़ा।

इसमें कोई सन्देह नहीं कि लालू जी एक मँजे हुए कूटनीतिज्ञ हैं जो साम, दाम, दण्ड, भेद को कब और कहाँ इस्तेमाल करना है बाखूबी जानते हैं। त्याग-पत्र स्वीकार होने के बाद जब मैंने प्रेस-कॉन्फ्रेंस बुलाई तो उन्होंने अपने मन्त्रिमण्डल के एक वरिष्ठ सदस्य, शकील अहमद ख़ाँ, जो एक नामचीन वकील भी थे, को मेरे पास भेजा जिन्होंने मुख्यमन्त्री का पैग़ाम कुछ इन लफ़्जों में दिया :

दुश्मनी जमकर करो पर इतनी गुंजाइश रहे,
गर कहीं फिर दोस्त बन जायें तो शर्मिन्दा न हों।

मैंने उनको यक़ीन दिलाया कि मैं ऐसा कोई बयान नहीं दूँगा और मैंने अपने वायदे को निभाया भी। पत्रकारों को सिर्फ़ मैंने यही कहा कि मन्त्री बनकर मैं अपना फ़र्ज़ नहीं निभा पा रहा था। जनहित के मेरे हरेक प्रस्ताव को ठण्डे बस्ते में डाल दिये जाने से मैं घुटन महसूस कर रहा था। विज्ञान का छात्र बन जाने के बाद साहित्य और काव्य के प्रति मेरा प्रेम तो कम ज़रूर हुआ लेकिन कठिन परिस्थितियों में मेरी क़लम ही मेरी दवा बनती। इस्तीफ़े के बाद भी मेरी क़लम ख़ुद-ब-ख़ुद चलने लगी। गुजरात के महान कवि गिरिधर की तर्ज पर मैंने भी दो कुंडलियाँ लिख डालीं :

ऐसा जो मैं जानता, यही मन्त्री सुख होय
नगर ढिंढोरा पीटता, मन्त्री न बनियो कोय
मन्त्री न बनियो कोय, जलन की है यह ज्वालां
काँटों से भरी पड़ी है, यह फूलों की माला
कह इन्दर कविराय, मन्त्री पद संकट जैसा
लोग छिड़कते जान, स्वाद है इसमें ऐसा

रंग रूप बदला नहीं, बदल गया है ढंग
मेरा पद तेरी आँखों में, घोल गया है भंग
घोल गया है भंग, जो उतरे कड़वा खाये
इसीलिए साथीगण, कड़वे वचन सुनाये।

कह इन्दर कविराय है, मन अन्दर से तंग
राजयोग के लमहों का, होता ऐसा रंग।

मैं मन्त्री पद से हटा ही था कि सी.बी.आई. ने जुलाई 1997 में लालू यादव के ख़िलाफ़ अरेस्ट वॉरंट जारी कर दिये। जनता दल के अन्दर से ही लालू यादव के इस्तीफ़े की माँग उठने लगी तो पार्टी में फूट पड़ गयी। लालू यादव ने राष्ट्रीय जनता दल (आर.जे.डी.) के नाम से अलग पार्टी बना ली और मैं शरद यादव के नेतृत्व वाले जनता दल में ही बना रहा। जब लालू यादव को जेल की यात्रा करनी पड़ी तो उन्होंने सत्ता अपने परिवार में ही रखी। देश के इतिहास में शायद यह पहली बार हुआ कि एक मुख्यमन्त्री ने धरोहर की तरह अपनी गद्दी पत्नी को बिना चुनाव के सौंप दी। बिहार की बागडोर अशिक्षित राबड़ी देवी के हाथों में आ गयी और लालू यादव जेल से सरकार चलाते रहे।

मन्त्री पद से त्याग-पत्र देकर मैं तनाव भरे माहौल से निकल तो गया लेकिन कुछ ही महीनों में मेरी तबीयत इतनी बिगड़ गयी कि मुझे दिल्ली के गंगाराम अस्पताल में भर्ती होना पड़ा।

अस्पताल से छुट्टी मिली ही थी कि पटना पहुँचने पर पता चला कि मेरे सबसे छोटे भाई अजीत सिंह को राँची जाते वक़्त लातेहार के पास अगवा कर लिया गया है। अपहरणकर्त्ताओं ने साथ जा रही उनकी धर्मपत्नी को वापस डालटनगंज भेज दिया। मुझे मेरे भाइयों ने जैसे ही फ़ोन पर बताया मैं डालटनगंज के लिए निकल गया। उन दिनों बिहार की ऐसी भयावह स्थिति थी कि पुलिस भी हाथ खड़े कर देती। आख़िरकार अजीत फिरौती देकर ही सकुशल घर लौटा। अपहरणों का यह दौर बिहार के इतिहास के पन्नों में 'जंगल-राज' के नाम से दर्ज रहेगा। इस दौरान निर्मलजीत भी दिल्ली में कामकाज न जम पाने के कारण बिहार के बहरागोड़ा जंगलों में काइनाइट की माइनिंग का ठेका ले चुका था।

कांग्रेस ने गुजराल सरकार से समर्थन वापस ले लिया और मात्र दो साल में ही पुनः लोकसभा चुनाव घोषित हो गये। नीतीश भारद्वाज जमशेदपुर से दोबारा चुनाव लड़ने की हिम्मत नहीं जुटा पाये और मध्य प्रदेश की राजगढ़ सीट से लड़कर हार भी गये। सरकार नेशनल डेमोक्रेटिक एलायंस (एन.डी.ए.) गठबन्धन की बनीं पर वाजपेयी जी इस बार भी मात्र तेरह महीनों के लिए ही प्रधानमन्त्री रह पाये। जयललिता की ए.आई.डी.एम.के. ने जब अपना समर्थन वापस ले लिया तो एनडीए सरकार मात्र एक वोट से सत्ता से बाहर हो गयी। किसी भी पार्टी को बहुमत न

होने के कारण 1999 में पुनः लोकसभा चुनाव हुए जिसमें वाजपेयी जी तीसरी बार प्रधानमन्त्री बने और पाँच साल का कार्यकाल पूरा किया।

फ़रवरी 2000 में बिहार विधानसभा के चुनाव में लालू यादव की आर.जे.डी. को 124 सीटें मिलीं। बहुमत न होने पर सरकार जदयू और भाजपा की बनी। नीतीश कुमार पहली बार मुख्यमन्त्री तो बन गये लेकिन बहुमत साबित नहीं कर पाये। राबड़ी देवी पुनः मुख्यमन्त्री की कुर्सी पर जा बैठीं।

लालू यादव की फ़ितरत जो भी रही हो लेकिन उनकी हाज़िर-जवाबी का कोई जवाब नहीं। वह समय की नज़ाकत को भली-भाँति समझते थे और उनके कार्यकाल में दोबारा साम्प्रदायिक दंगे नहीं हुए। मैं 2000 में चौथी बार डालटनगंज से चुनाव जीता ही था कि एक बड़ा हादसा हो गया। मार्च में रामनवमी के अवसर पर डालटनगंज में निकले जुलूस के दौरान मुस्लिम मोहल्ले में बिजली की तारें गिर जाने के कारण 29 हिन्दुओं की मौत हो गयी। घटनास्थल से लौटा ही था कि लालू यादव ने जेल से ही मुझे फ़ोन किया कि आप मेरी ओर से घोषणा कर दें कि हरेक पीड़ित परिवार को एक लाख रुपया और परिवार के एक सदस्य को नौकरी दी जायेगी। मैंने लालू यादव की घोषणा को सार्वजनिक कर दिया और साम्प्रदायिक उन्माद थम भी गया।

1990 के दशक में बिहार की बदहाली का सिलसिला चल ही रहा था कि दक्षिण बिहार को नया राज्य बनाने की मुहिम जोर पकड़ने लगी।

झारखण्ड का आगाज़

अंग्रेज़ों के समय से ही छोटा नागपुर की एक अपनी पहचान थी। जंगलों, नदियों और खनिज पदार्थों से परिपूर्ण इस इलाक़े के निकल जाने से डर तो यह था कि बिहार का दारोमदार ही छिन जायेगा। उत्तर बिहार में हर साल या तो सूखे का प्रकोप पड़ता या बाढ़ का, जिसकी भरपाई दक्षिण बिहार को करनी पड़ती क्योंकि यहाँ के विकास कार्यों की राशि बाढ़ और सूखाड़ की भेंट चढ़ जाती। बिहार के बँटवारे से बनने वाले नये राज्य की लगभग एक तिहाई जनसंख्या जनजातियों की थी। मेरा अगला साक्षात्कार जनजातिवाद की राजनीति से होने वाला था।

भाजपा ने 1999 के अपने चुनावी घोषणा-पत्र में छत्तीसगढ़, उत्तराखण्ड एवं वनांचल बनाने का वादा किया था। सत्ता मिलते ही पार्टी ने तीन नये प्रान्तों को बनाने का मसौदा तैयार कर लिया। संविधान के तहत किसी भी नये राज्य के निर्माण का विधेयक पहले राज्य की विधानसभा में भेजा जाता है। आख़िरकार वह दिन आ ही गया जब मेरा और समरेश सिंह का सपना साकार हुआ। बिहार विधानसभा में जब नये राज्य का प्रस्ताव पेश हुआ तो सत्ताधारी राजद उसका विरोध नहीं कर सकी। लालू यादव राज्य के बँटवारे के पक्ष में नहीं थे लेकिन चारा घोटाले के बाद उनकी राजनीतिक पकड़ काफी कमज़ोर हो चुकी थी और उन्हें अपनी सरकार गिरने का ख़तरा भी था जो कांग्रेस के समर्थन से बनी थी। 23 में से कांग्रेस के 11 विधायक दक्षिण बिहार के थे।

केन्द्र के भेजे गये विधेयक में प्रस्तावित राज्य का नाम वनांचल था पर झारखण्ड मुक्ति मोर्चा और छोटा नागपुर की अन्य क्षेत्रीय पार्टियों ने जहाँ वनांचल नाम का पुरज़ोर विरोध किया वहीं भाजपा नेता सुशील कुमार मोदी, जो उन दिनों विपक्ष के नेता थे, को झारखण्ड नाम मंजूर नहीं था। दोनों पक्षों में नाम को लेकर गतिरोध के चलते विधानसभा की कार्रवाई जब थम-सी गयी तो मैंने उठकर सुशील मोदी को याद कराया कि नये राज्य वनांचल का नाम मेरे एवं समरेश सिंह के द्वारा

ही दिया गया है इसलिए छोटा नागपुर के लोगों की इच्छा का सम्मान करते हुए आपको झारखण्ड नाम मान लेना चाहिए। बड़ी कशमकश के बाद झारखण्ड नाम पर सहमति बन गयी। 15 नवम्बर 2000 की मध्य रात्रि को झारखण्ड अस्तित्व में आ गया। नये राज्य के निर्माण का श्रेय झारखण्ड मुक्ति मोर्चा ने ले तो लिया लेकिन हक़ीक़त कुछ और है। अगर आन्दोलन की बागडोर उनके हाथों में होती तो 'न नौ मन तेल होता और न राधा नाचती' वाली कहावत ही चरितार्थ होती। शिबू सोरेन की पार्टी तो तीनों पड़ोसी राज्यों के सीमावर्ती ज़िलों को मिलाकर वृहद झारखण्ड के निर्माण की माँग पर टस-से-मस नहीं हो रही थी। बिहार भाजपा अध्यक्ष की हैसियत से मैंने उनको अलग राज्य को दक्षिण बिहार तक सीमित रखने का कई बार आग्रह किया जिसे उन्होंने अनसुना कर दिया।

बिहार विधानसभा चुनाव चूँकि उसी साल हुए थे, झारखण्ड की पहली सरकार भाजपा, जनता दल, समता पार्टी एवं निर्दलियों के गठबन्धन से बनी। मन्त्रिमण्डल के गठन के समय कैलाशपति मिश्र ने मुझसे भी मन्त्री बनने का आग्रह किया लेकिन मैंने स्पीकर बनना पसन्द किया। "मन्त्री बनने का हश्र मैं बिहार में देख चुका हूँ" मैंने उन्हें मुस्कुराकर कहा। कैलाश जी हँस पड़े। उन्होंने 1967 में बिहार के मुख्यमन्त्री महामाया प्रसाद सिन्हा के मन्त्रिमण्डल के गठन का क़िस्सा सुनाते हुए कहा, "ठाकुर प्रसाद, जो एक नामी वकील और विधि विशेषज्ञ थे, को जब महामाया मन्त्रिमण्डल के समय स्पीकर बनने की पेशकश की गयी तो उन्होंने यह कहकर इनकार कर दिया कि वे नकारा नहीं हैं। एक तुम हो कि मन्त्री पद छोड़कर स्पीकर बनना चाहते हो।" यह बताना प्रासंगिक होगा कि ठाकुर प्रसाद को स्पीकर के बदले उद्योग मन्त्री बनाया गया जिनके बेटे रविशंकर प्रसाद, नरेन्द्र मोदी सरकार में मन्त्री रह चुके हैं। मैंने कैलाश जी को जवाब दिया, "मैं बिहार विधानसभा में अक्सर पीठासीन पदाधिकारी के रूप में आसन पर बैठता रहा हूँ इसलिए जानता हूँ कि सदन की मर्यादा बहुत हद तक स्पीकर के विवेक पर ही निर्भर करती है।"

सर्वसम्मति से मैं स्पीकर बन तो गया लेकिन यह पथ काफ़ी काँटों भरा था। नये राज्य का आधारभूत ढाँचा न होने के कारण विधानसभा का सदन हैवी इलेक्ट्रिक कॉरपोरेशन (एच.ई.सी.) के विशाल कैम्पस में रशियन हॉस्टल को बनाया गया जहाँ पहले रूस के इंजीनियर रहा करते थे। वहाँ न कोई लॉबी थी, न ही कोई दवाखाना, रेलवे का आरक्षण केन्द्र, पुस्तकालय या जलपान गृह। मुझे ऐसा लगा कि महाभारत के खाण्डव वन को इन्द्रप्रस्थ बनाने की ज़िम्मेवारी मुझ पर आ पड़ी है। कर्मचारियों की काफी कमी थी क्योंकि मात्र 65 कर्मचारी ही बिहार से झारखण्ड भेजे गये थे

जिनमें चतुर्थ वर्ग के कर्मचारी तो न के बराबर थे। विधानसभा की नियमावली का निर्माण भी करना था जिसके लिए मैंने मध्य प्रदेश विधानसभा के सचिव ए.के. पयासी को उनकी टीम के साथ 15 दिनों के लिए राँची बुलवाकर नियमावली की रचना करवायी।

आदिवासी-बाहुल्य राज्य होने के कारण स्वाभाविक था कि कोई आदिवासी नेता ही पहला मुख्यमन्त्री बनता। गठबन्धन में सबसे बड़ी पार्टी होने के नाते भाजपा ने यह दायित्व बाबूलाल मराण्डी, जो केन्द्र में वन राज्यमन्त्री रह चुके थे, को दिया। वह एक शालीन व्यक्ति माने जाते हैं और शुरुआती दौर में झारखण्ड में बड़ा ही सौहार्दपूर्ण माहौल भी रहा। संयोग से मेरे और मराण्डी जी के आवास की दीवार साँझी थी जिस कारण अक्सर मिलना-जुलना भी होता रहता। हम दोनों के मधुर रिश्तों में थोड़ी-सी खटास तब आयी जब डालटनगंज में रामनवमी के दौरान घटी घटना में मृतक 29 हिन्दुओं के परिवारों को अनुकम्पा के आधार पर नौकरी देने की घोषणा मैंने उन्हें याद दिलायी। झारखण्ड बनते ही प्रभावित परिवारों ने मुझ पर लालू यादव का वायदा निभाने के लिए दबाव डालना शुरू किया तो मैंने मराण्डी से पीड़ित परिवारों को नौकरी देने का आग्रह किया। मुख्यमन्त्री कई महीनों तक टालमटोल करते रहे। आख़िरकार मुझे उनसे दो टूक बात करनी पड़ी कि जब झारखण्ड भी बिहार का ही अंग था तो आप वहाँ की सरकारी घोषणा को लागू करने में विलम्ब क्यों कर रहे हैं? लगभग एक वर्ष तक टालमटोल के बाद ही पीड़ित परिवारों के सदस्यों को नौकरी मिल सकी।

2002 में डालटनगंज की एक नामी दुकान, मर्फी रेडियो, के मालिक के बेटे की जघन्य हत्या होने से हिंसा भड़क उठी। जनता में काफ़ी आक्रोश था और अख़बार लगातार विधि व्यवस्था पर तीखी टिप्पणियाँ लिख रहे थे। डालटनगंज का प्रतिनिधि होने के कारण मैंने डी.जी.पी. से लेकर पलामू के एस.पी. तक के सभी पुलिस आला अधिकारियों को विचार-विमर्श के लिए विधानसभा में बुला लिया। बैठक से एक रात पहले लोहरदगा के नेता प्रवीण सिंह मुख्यमन्त्री का पैग़ाम लेकर मुझसे मिलने आये। उन्होंने बताया कि वरिष्ठ पुलिस अफ़सरों को विधानसभा में बुलाने के मेरे इस क़दम से मराण्डी जी नाराज़ हैं क्योंकि ऐसी मीटिंग सिर्फ़ मुख्यमन्त्री ही बुला सकते हैं। मैंने प्रवीण सिंह को कहा कि बिहार में मात्र याचिका समिति का चेयरमैन होते हुए मैं डी.जी.पी. सहित दर्जनों वरीय अफ़सरों को बुलाया करता था तो झारखण्ड के स्पीकर की इतनी भी हैसियत नहीं? बैठक तो सम्पन्न हो गयी लेकिन मेरे दिल में मराण्डी जी के प्रति यह विचार ज़रूर बैठ गया कि वे

एकाधिकार में विश्वास करते हैं जो किसी अच्छे शासक के लिए उचित नहीं। रिश्तों में असली खटास तब आयी जब झारखण्ड में स्थानीयता (डोमिसाइल) के मुद्दे ने ज़ोर पकड़ा।

अभी तक मैंने हिन्दू, मुस्लिम और जातिवाद की राजनीति ही देखी थी। झारखण्ड बनते ही जनजातियों (शेड्यूल ट्राइब) के तुष्टिकरण पर ही सियासत होने लगी। नये राज्य की माँग के पीछे झारखण्ड मुक्ति मोर्चा जैसे दल जहाँ आदिवासियों का सरकारी नौकरियों एवं शिक्षण संस्थानों में वर्चस्व चाहते थे वहीं भाजपा का केन्द्रीय नेतृत्व डोमिसाइल के मुद्दे को तूल नहीं देना चाहता था। मैं राजनीति में बिना धर्म और जात-पाँत के आधार पर स्थापित हुआ था। हरेक धर्म, जाति और जनजाति से मेरे मधुर सम्बन्ध रहे हैं और मैंने सभी की दिल से इज़्ज़त की है। अनुसूचित जातियों एवं जनजातियों के लिए मेरी ख़ास हमदर्दी रही है क्योंकि सदियों से इनको मुख्यधारा से दूर रखा गया है।

पलामू के आदिवासी राजा मेदिनीराय को मैं अपना प्रेरणा-स्त्रोत एवं मार्गदर्शक मानता रहा हूँ। उनके बारे में कहा जाता है कि वे रात को वेश बदल कर घूमा करते थे ताकि जनता की ज़रूरतों को जान सकें। उनके समय से चली आ रही एक कहावत—"धनि-धनि राजा मेदनिया, घर-घर बाजे मथनियाँ" (धन्य हैं राजा, मेदिनी राय जिसके राज्य में हरेक घर में ख़ुशहाली है)—आज भी आदिवासी गाँवों में प्रचलित है।

1990 में भाजपा विधायक रहते हुए मैंने मेदिनीराय की स्मृति में डालटनगंज-राँची मार्ग पर पड़ने वाले दुबियाखाड़ मोड़ पर एक मेले की शुरुआत की थी, जो 'आदिवासी कुम्भ-मेला' के नाम से जाना जाता है। दुबियाखाड़ में राजा मेदिनीराय की आदमक़द मूर्ति की स्थापना की गयी तथा बेतला की ओर भव्यद्वार का निर्माण कराया गया। इतना ही नहीं, मुख्यमन्त्री अर्जुन मुण्डा के कार्यकाल में मेरी सिफ़ारिश पर डालटनगंज शहर का नाम भी मेदिनीनगर रख दिया गया यद्यपि केन्द्र सरकार से इसकी पुष्टि नहीं हो पायी है। हर साल 11 फ़रवरी को होने वाले इस मेले में बिहार और झारखण्ड के कई मुख्यमन्त्री शामिल हो चुके हैं। उन सभी मुख्यमन्त्रियों से मैं इस मेले को सरकारी मेला बनाने का आग्रह करता रहा लेकिन किसी ने भी इस पर ध्यान नहीं दिया। आज जब मैं अपनी आत्मकथा लिख रहा हूँ तो मुझे यह बताते हुए प्रसन्नता हो रही है कि हेमन्त सरकार ने इस मेले को सरकारी मेला बनाने का निर्णय ले लिया है। मेले के सरकारीकरण में गढ़वा के विधायक एवं कैबिनेट मन्त्री मिथिलेश ठाकुर की भूमिका सराहनीय रही है।

जनजातीय समाज के लिए मेरे दिल में इतना स्नेह था कि पलामू में शुरू होने वाले नये विश्वविद्यालय का नामकरण भी नीलाम्बर-पीताम्बर नामक दो आदिवासी युवकों के नाम पर किया गया जिन्होंने स्वतन्त्रता संग्राम में अपनी शहादत दी थी।

मेरा मानना है कि 2002 में स्थानीयता के मुद्दे को लेकर जब हिंसक वारदातें होने लगीं तो मुख्यमन्त्री ने राजधर्म का पालन नहीं किया। राँची में मेकॉन नामक एक बड़ी केन्द्रीय संस्था है जिसके तकनीकी विशेषज्ञ एवं इंजीनियर अपने परिवारों के साथ कॉलोनी में रहते हैं। 2002 में उपद्रवी युवकों ने मेकॉन कॉलोनी पर धावा बोल दिया। स्थिति बिगड़ती देख वहाँ के सुरक्षा गार्डों को गोली चलानी पड़ी जिसमें तीन आदिवासी युवक मारे गये। एच.ई.सी. के राँची कैम्पस में—जहाँ झारखण्ड की अस्थायी विधानसभा भी चला करती थी—तीन ग़ैर-आदिवासी युवक मारे गये। किसी भी राज्य के शुरुआती दौर में इस तरह की हिंसक घटनाएँ शुभ लक्षण नहीं होतीं। राँची का गरमाता राजनीतिक वातावरण अब देश की सुर्ख़ियाँ बन चुका था।

जिस दिन मराण्डी जी को विधानसभा में स्थानीयता को लेकर आदिवासी और ग़ैर-आदिवासियों में हुई हिंसा पर अपना बयान देना था, उसी दिन आदिवासी युवकों ने राँची बन्द का आह्वान किया और चौक-चौराहों पर नाकेबन्दी कर दी।

मुझे भी समय पर विधानसभा पहुँचना था। अपने आवास से चलते वक़्त मुझे जब पता चला कि रातु रोड, जो राँची का एक व्यस्त चौक है, को आन्दोलनकारियों ने जाम कर रखा है तो मैं रास्ता बदलकर लालपुर चौक होते हुए विधानसभा में समय पर पहुँच गया। मेरी घड़ी की सूई जब विधानसभा के शुरू होने के समय (प्रात: 11 बजे) पर आयी तो मैं स्पीकर के आसन पर जा बैठा। मुझे उम्मीद थी कि मुख्यमन्त्री भी अपना बयान देने के लिए शीघ्र ही सदन में पहुँच जायेंगे। पूरा एक घंटा बीत गया लेकिन वे विधानसभा नहीं पहुँचे। विपक्षी विधायकों ने हंगामा करना शुरू कर दिया और मुझे मजबूर होकर सदन को स्थगित करना पड़ा।

मुझे सोचने पर मजबूर होना पड़ा कि जब नाममात्र की सुरक्षा लेकर मैं विधानसभा में पहुँच सकता हूँ तो मेरे बगल में ही रहने वाले मुख्यमन्त्री जिनके चारों तरफ़ सुरक्षा का घेरा होता है, क्यों नहीं पहुँच सके? मेरे दिल में यह बात घर कर गयी कि मराण्डी जी ने जान-बूझकर सदन की अवहेलना की है।

उसी दौरान एक घटना और घट गयी जिससे मेरा शक यक़ीन में बदल गया। हिंसा के बाद मराण्डी जी ने मेकॉन के तत्कालीन चेयरमैन को अपने आवास पर बुलाया। उनसे मिलने के बाद वे मेरे घर पर भी आ गये। उन्होंने जो रहस्योद्घाटन किया उसने मुझे सिरे से हिला दिया।

मेकॉन चेयरमैन ने बताया कि मुख्यमन्त्री ने उन्हें बुलाकर उन सुरक्षा गार्डों को हटाने का आदेश दिया है जिन्होंने हुड़दंग कर रहे युवकों पर गोली चलायी थी। चेयरमैन के अनुसार, उन्होंने मुख्यमन्त्री से विनम्र आग्रह किया कि वे ऐसा आदेश न दें क्योंकि पूरी मेकॉन कॉलोनी में इससे बग़ावत हो जायेगी। कॉलोनी की महिलाओं ने उन्हें बताया था कि यदि सुरक्षा गार्ड गोली नहीं चलाते तो उनकी इज़्ज़त को भी ख़तरा हो जाता। चेयरमैन के यह बताने पर मुख्यमन्त्री नाराज़ हो गये और उन्होंने ग़ुस्से में कहा कि यदि आप ऐसा नहीं करेंगे तो सरकार आगे से मेकॉन कॉलोनी की सुरक्षा की कोई गारंटी नहीं लेगी। मुख्यमन्त्री की इस धमकी से विचलित होकर ही मेकॉन के चेयरमैन मेरे आवास पर आये थे।

उनकी बातों को सुनकर मुझे ऐसा लगा जैसे मराण्डी भी लालू यादव की तरह अपना वोट बैंक पुख़्ता कर रहे हैं। वे शायद भूल गये कि आदिवासियों का एक बड़ा हिस्सा चर्च से प्रेरित होता है जो भाजपा के कट्टरपन्थी नज़रिये को पसन्द नहीं करता। इतना ही नहीं मेकॉन के स्थानीय लोगों के न चाहने पर भी मुख्यमन्त्री ने हुड़दंग मचाने वाले तीनों मृत युवकों की प्रतिमाएँ कॉलोनी में लगवा दी हैं। मेरी दृष्टि से नये राज्य के विकास में दूसरे राज्यों से आये लोगों का भी महत्त्वपूर्ण योगदान रहता है। हैदराबाद भ्रमण के दौरान मुझे बताया गया था कि वहाँ के निज़ाम ने राजस्थान के मारवाड़ियों को निमन्त्रण देकर बुलाया था ताकि वहाँ भी व्यापार को बढ़ावा मिल सके।

झारखण्ड की तार-तार होती समरसता से मेरे मन में कई शंकाएँ उत्पन्न हो रही थीं जिसके निवारण के लिए मेरा और मराण्डी का एक साथ बैठना ज़रूरी था लेकिन दिनों-दिन बदलती राजनीतिक परिस्थितियाँ हम दोनों को मिलने नहीं दे रही थीं। मुलाक़ात हो जाती तो शायद आने वाला कालचक्र टाला भी जा सकता था। मुझे इस बात का थोड़ा-सा भी इल्म नहीं था कि डोमिसाइल को लेकर मराण्डी के एकतरफ़ा रुख से भाजपा का केन्द्रीय नेतृत्व काफ़ी नाराज़ था और उनको हटाने का मन बना चुका था। राजनाथ सिंह उन दिनों झारखण्ड भाजपा के प्रभारी हुआ करते थे जिनके अर्जुन मुण्डा से रिश्ते काफ़ी प्रगाढ़ थे। भीतर-ही-भीतर केन्द्रीय नेतृत्व ने राजनाथ सिंह के माध्यम से अर्जुन मुण्डा को बाबूलाल मराण्डी का उत्तराधिकारी चुन लिया था। बस मराण्डी को हटाया कैसे जाये इसके रास्ते खोजे जा रहे थे।

शतरंज के इस खेल में सात बागी मन्त्रियों को मोहरा बनाया गया, जिनमें से मधु सिंह, जलेश्वर महतो, रमेश सिंह मुण्डा समता पार्टी से थे। जनता दल से लालचन्द महतो एवं बैजनाथ राम जो मेरे क़रीबी थे, के साथ दो निर्दलीय मन्त्री (जोबा माँझी

एवं समरेश सिंह) भी मराण्डी को कुर्सी से हटाना चाहते थे। यह तब तक सम्भव नहीं था जब तक उन्हें मेरा समर्थन नहीं मिलता। बहुमत साबित करने के लिए कम-से-कम 42 विधायकों की आवश्यकता थी और यह गणित तभी पूरा होता जब मैं और बैजनाथ राम भाजपा की सरकार को गिराने में उनका साथ देते। सात बागी मन्त्रियों को झामुमो, कांग्रेस एवं राजद के साथ मिलकर वैकल्पिक सरकार बनाने का दावा पेश करने से पहले बागी मन्त्री मुझे मनाने की कोशिश में सफल नहीं हुए तो उन्होंने झामुमो के स्टीफन मराण्डी का सहारा लिया। सदन में विपक्ष के नेता के रूप में स्टीफन मराण्डी की भूमिका रचनात्मक हुआ करती थी, जिसके कारण मेरे सम्बन्ध उनके साथ बहुत अच्छे थे। देर रात मेरे आवास पर पाँच बागी मन्त्रियों के साथ स्टीफन मराण्डी पहुँचे तो मैं अवाक् रह गया। सबने एक स्वर से प्रस्ताव रखा कि हमलोग आपको नया मुख्यमन्त्री बनाना चाहते हैं। मैंने इस पेशकश को सिरे से नकार दिया लेकिन वे लगातार दबाव डालते रहे। स्टीफन मराण्डी ने मुझे यक़ीन दिलाया कि आपके घर पर आये विक्षुब्ध मन्त्रियों पर आप सन्देह न करें, वे आपको धोखा नहीं देंगे। मैं बुरी तरह असमंजस में पड़ गया। देर रात तक चली बैठक में मैंने कोई ठोस स्वीकृति तो नहीं दी लेकिन स्टीफन मराण्डी जाते-जाते इतना ज़रूर कह गये कि वे कल राज्यपाल को 42 विधायकों की सूची सौंपकर आपको मुख्यमन्त्री बनाने का दावा ठोंकेंगे।

निराश होने के बावजूद मैं मराण्डी को मुख्यमन्त्री के पद से हटाने के पक्ष में नहीं था। कुछ बागी मन्त्रियों पर मेरा विश्वास भी नहीं था और मैं उन सभी के मन में उपमुख्यमन्त्री बनने की लालसा को भाँप गया था। इस सच्चाई को भी मैं नहीं नकारता कि मेरे मन में यह ख़्याल ज़रूर आया कि यदि एक बार भी मुझे मुख्यमन्त्री बनने का मौक़ा मिल गया तो मैं झारखण्ड के बीमारू राज्य होने के कलंक को ख़त्म करने का प्रयास करूँगा। यह हसीन सपना महज़ मृग-मरीचिका बनकर रह गया। मैंने मुख्यमन्त्री को 17 मार्च 2003 को अपना बहुमत साबित करने का निर्देश दे दिया। इसी दौरान बागी मन्त्रियों ने झामुमो, कांग्रेस, राजद एवं कम्युनिस्ट पार्टी के साथ मिलकर 42 विधायकों की सूची तैयार कर राज्यपाल को सौंप दी। अगर केन्द्र सरकार का इशारा नहीं होता तो राज्यपाल विपक्ष द्वारा बहुमत का दावा पेश करने के बावजूद चुपचाप नहीं बैठे रहते। राजभवन में कुछ हरकत न होने का सीधा अर्थ था कि केन्द्र सरकार, राजभवन एवं भाजपा में विकल्प की पूरी व्यवस्था हो चुकी थी। उसी दिन आनन-फानन में भाजपा ने मराण्डी से इस्तीफ़ा दिलवाकर 43

विधायकों की सूची देर रात 10 बजे राज्यपाल को सौंप दी। इस सारे घटनाचक्र को अर्जुन मुण्डा बड़ी चतुराई से रमेश मुण्डा के साथ मिलकर हैण्डल कर रहे थे।

इस जुगलबन्दी का खुलासा तब हुआ जब कुछ ही दिनों बाद राँची एयरपोर्ट पर वी.आई.पी. हैंगर के प्रभारी जिनका नाम मैं सार्वजनिक करना नहीं चाहता, ने मुझे बताया कि जैसे ही रमेश मुण्डा भाजपा के केन्द्रीय नेताओं से मराण्डी को हटाने का निर्णय करवाकर दिल्ली से राँची हवाई अड्डे पर पहुँचे तो अर्जुन मुण्डा ने इसी कक्ष से उन्हें मोबाइल फ़ोन पर सूचित किया कि, "एक बड़ी भीड़ माला और बाजे-गाजे के साथ आपके स्वागत के लिए एयरपोर्ट के बाहर खड़ी है।"

राज्यपाल को नयी सूची मिलते ही अगले दिन राजनाथ सिंह राँची पहुँच गये और एक विशेष बैठक में मराण्डी के स्थान पर अर्जुन मुण्डा को विधायक दल का नेता निर्वाचित करवाकर चले गये। विधायक दल का नेता चुने जाने के बाद अर्जुन मुण्डा राज्यपाल से जाकर मिले और नये मुख्यमन्त्री के शपथ-ग्रहण का समय तय कर लिया गया।

राजनीतिक तूफ़ान तो ठण्डा पड़ गया लेकिन मैंने नैतिकता के आधार पर स्पीकर के पद से त्याग-पत्र देने का मन बना लिया। भाजपा विधायक दल का नेता चुने जाने की रात अर्जुन मुण्डा मेरे आवास पर पहुँचे और मुझसे इस्तीफ़ा न देने का आग्रह किया। उन्होंने यह भी कहा कि वे ऐसा राजनाथ सिंह के निर्देश पर ही कर रहे हैं। मैं स्पीकर बने रहने पर यह सोचकर राजी हो गया कि धोखा तो भाजपा ने नहीं बागी मन्त्रियों ने दिया था।

व्यक्ति नहीं, समय बलवान होता है। आज उसी अर्जुन मुण्डा को भाजपा ने भले ही केन्द्रीय मन्त्री बना दिया हो लेकिन मराण्डी को ही पुन: झारखण्ड में विपक्ष के नेता के रूप में पार्टी का सर्वेसर्वा बना दिया है। यह वही मराण्डी हैं जिन्होंने भाजपा छोड़ते वक़्त कहा था, "मैं कुतुब मीनार से कूद जाऊँगा पर भाजपा में वापस नहीं जाऊँगा।"

2003 में ही जॉर्ज फर्नांडिस और नीतीश कुमार की समता पार्टी और कर्नाटक के पूर्व मुख्यमन्त्री रामकृष्ण हेगड़े की लोकशक्ति के जनता दल में विलय हो जाने से उसका नाम जनता दल यूनाइटेड (जदयू) हो गया और चुनाव-चिह्न तीर छाप। 2004 के लोकसभा चुनाव में वाजपेयी जी एक लोकप्रिय प्रधानमन्त्री होने के बावजूद सत्ता में नहीं आ सके। कांग्रेस गठबन्धन की यूनाइटेड प्रोग्रेसिव एलायंस (यूपीए) सरकार केन्द्र में आ गयी और उसने पहली बार एक सिख मनमोहन सिंह को देश का प्रधानमन्त्री बना दिया। कांग्रेस अध्यक्ष सोनिया गाँधी की यह कोशिश

शायद 1984 के दंगों से आहत सिख समाज को मरहम लगाने के लिए थी। मनमोहन सिंह प्रधानमन्त्री की कुर्सी तक राज्यसभा से पहुँचे थे। एक सिख का लोकसभा चुनाव जीतना या तो पंजाब से मुमकिन है या फिर ऐसे क्षेत्र से जो सिख बाहुल्य हो। इस गणित की परवाह न करते हुए 2004 में मैंने पुनः चतरा से चुनाव लड़ने का मन बना लिया क्योंकि लोकसभा जाने की मेरी तमन्ना बरकरार थी। मैंने स्पीकर के पद से इस्तीफ़ा दे दिया। यह ख़बर जैसे ही अख़बारों में छपी तो हरियाणा, उड़ीसा एवं अन्य कई राज्यों के स्पीकरों ने मुझे इस्तीफ़ा न देने की राय दी। मैंने उन महानुभावों के सामने यही दलील रखी कि स्पीकर का पद बहुत संवेदनशील होता है तथा उसको पक्ष और विपक्ष दोनों को विश्वास में लेकर चलना पड़ता है। मैंने चूँकि इस दायित्व को पूरी निष्पक्षता से निभाया है इसलिए चुनाव के दौरान मेरे ऊपर जो आरोप लगाये जायेंगे उससे स्पीकर के पद की गरिमा भी घटेगी। मैंने इस्तीफ़ा दे तो दिया लेकिन मुझे चतरा से दोबारा हार का ही मुँह देखना पड़ा। अगले ही साल झारखण्ड विधानसभा के चुनाव आ गये और मैं जदयू के तीर छाप से चुनाव जीतकर पुनः सर्वसम्मति से स्पीकर चुन लिया गया।

झारखण्ड के पहले मुख्यमन्त्री के असामयिक हटने से एक इतिहास तो बना ही, भारत में लोकसभा एवं विधानसभा के स्पीकरों की निष्पक्षता पर भी ख़ूब चर्चा हुई। सत्ताधारी पार्टी से होने के कारण स्पीकर को सरकार के दबाव में काम करना पड़ता है। मेरी समझ से भारत में भी इंग्लैंड की तर्ज़ पर स्पीकर के ख़िलाफ़ प्रत्याशी न देने की प्रथा जारी होनी चाहिए ताकि वह निष्पक्ष होकर निर्णय ले सकें। संविधान की दसवीं अनुसूची के अनुसार दल-बदल के मामलों की सबसे पहले स्पीकर के कोर्ट में ही सुनवाई होती है। अक्सर देखा जाता है कि फ़ैसला देने में स्पीकर सरकार के दबाव के कारण इतना विलम्ब कर देते हैं कि कई बार विधानसभा के कार्यकाल के अन्तिम दिनों में ही फ़ैसला सुनाते हैं। उनके फ़ैसले के बाद ही कोई व्यक्ति न्यायालय की शरण में जा सकता है। इसी कारण से दसवीं अनुसूची में यह संशोधन किया जाना चाहिए कि स्पीकर दल-बदल के मामलों को एक निश्चित समय के अन्दर निपटाएँ। उस अवधि तक यदि स्पीकर फ़ैसला नहीं देते तो याचिकाकर्त्ता को सीधे न्यायालय में जाने की छूट होनी चाहिए। एक जीवन्त लोकतन्त्र के लिए यह ज़रूरी भी है। झारखण्ड के निर्माण का मेरा सपना तो साकार हो गया लेकिन उसे सही मार्ग दर्शन आज तक नहीं मिला। आगे जाकर सत्ता की इस उठा-पटक ने झारखण्ड के भाग्य को ही पलट दिया। स्पीकर के पद पर रहते हुए विश्व के विभिन्न देशों के भ्रमण का लाभ तो ज़रूर हुआ है क्योंकि सी.पी.ए. की बैठकों में

जाने के लिए इस तरह के भ्रमण आवश्यक हैं। अपने स्पीकर के कार्यकाल में मैंने कई देशों का भ्रमण किया जिनमें ऑस्ट्रेलिया, न्यूजीलैंड, मलेशिया, फिजी, जापान, नामीबिया, दक्षिण अफ्रीका, कनाडा एवं चीन शामिल हैं। सी.पी.ए. की बैठकों में कठिनाई तब होती थी जब रात के खाने के समय दूसरे देशों के प्रतिनिधियों के साथ-साथ बैठना पड़ता था। पश्चिम देशों के अधिकतर प्रतिनिधि रात के भोजन के समय लगभग तीन घण्टों तक खाने की टेबल पर बैठते हैं क्योंकि खाने के पहले कुछ ड्रिंक लेना एवं आपस में गपशप मारना उनकी परम्परा है। शाकाहारी होने के चलते भोजन के समय हमें बहुत फूँक-फूँक कर चयन करना पड़ता था कि कौन-सी डिश शाकाहारी है। उत्तर प्रदेश के स्पीकर केशरी नाथ त्रिपाठी की पत्नी एवं मेरी पत्नी दोनों की यह ड्यूटी रहती थी कि टेबल पर रखे व्यंजनों में से कौन-सा शाकाहारी है। मेरे जैसे प्रतिनिधि जो चाय पीने से भी परहेज करें उनके लिए विदेश-यात्रा में कठिनाइयाँ होना स्वाभाविक है। दो साल में ही हालात कुछ ऐसे बने कि मैं भी जदयू छोड़कर अकेले चलने पर मजबूर हो गया।

एकला चलो रे

2005 के विधानसभा चुनाव में भाजपा को बहुमत तो नहीं मिल सका लेकिन पार्टी ने निर्दलीय विधायकों के समर्थन से सरकार बनाने का दावा ठोंक दिया और अर्जुन मुण्डा पुनः मुख्यमन्त्री बन गये। कमान सँभालते ही उन्होंने पहला काम गठबन्धन में फूट डालने का किया। राजनीति में मौक़ा-परस्ती का आलम यह है कि कई बार आपका शार्गिद भी सियासी चाल का हिस्सा बन जाता है। पलामू के पाटन सीट से जीतकर आये विधायक, राधाकृष्ण किशोर, जो कांग्रेस की टिकट से पिछला चुनाव हार गये थे, को मैं ही जदयू में लेकर आया था और पलामू से 2004 का लोकसभा चुनाव लड़ने की टिकट भी दिलवायी। मुझे बिना विश्वास में लिए अर्जुन मुण्डा ने किशोर को अपने मन्त्रिमण्डल में शामिल कर लिया और बवाल मच गया। अर्जुन मुण्डा ने शपथ-ग्रहण के अन्तिम क्षण तक यह भनक नहीं लगने दी कि जदयू के कोटे से मन्त्री कौन बनेगा? अटकलें लगायी गयीं कि जदयू के प्रदेश अध्यक्ष जलेश्वर महतो की जगह किशोर को मन्त्री पद से नवाज़े जाने के पीछे मेरा ही हाथ था। महतो के समर्थकों ने शपथ-ग्रहण के समय राजभवन के अन्दर ही 'नामधारी मुर्दाबाद' के नारे लगाये और मेरे ख़िलाफ़ जदयू के केन्द्रीय नेताओं के कान भी भर दिये। शपथ-ग्रहण के समय राजभवन में मुर्दाबाद के नारे लगने की शायद यह पहली घटना थी।

जब मामला तूल पकड़ने लगा तो मैंने किशोर को मन्त्री पद से त्याग-पत्र देने की सलाह दी लेकिन वह नहीं माने। आख़िरकार जदयू के केन्द्रीय नेताओं के सीधे दबाव में आकर अर्जुन मुण्डा ने किशोर को हटाकर जलेश्वर महतो को मन्त्री बना ही दिया लेकिन इस सारे घटनाक्रम में मेरा नाम नाहक घसीटे जाने से मैं काफ़ी मर्माहत हुआ। वास्तव में, किशोर को मन्त्री बनाकर अर्जुन मुण्डा ने दोहरी चाल चली थी। जलेश्वर महतो से पिण्ड भी छूट जाता और शरद यादव और नीतीश कुमार

के साथ मेरे रिश्तों में दरार भी पड़ जाती। किशोर से की गयी मित्रता आगे जाकर मुझे और भी महँगी पड़ी।

अर्जुन मुण्डा की कुर्सी भी कुछ ही महीनों में डगमगाने लगी। 2006 में मैं नाइजीरिया में होने वाली कॉमनवेल्थ पार्लियामेंट्री एसोसिएशन (सी.पी.ए.) —जो अंग्रेज़ों द्वारा शासित रहे मुल्कों का समूह है—की वार्षिक बैठक में भाग लेने के लिए लन्दन पहुँचा ही था कि अर्जुन मुण्डा ने मुझे फ़ोन करके तुरन्त वापस लौट आने का आग्रह करते हुए कहा कि कतिपय निर्दलीय विधायकों ने समर्थन वापस लेने की योजना बना ली है और वे गुड़गाँव के किसी होटल में छिपे बैठे हैं। मैं तुरन्त लन्दन से भारत वापस आ गया लेकिन मुण्डा सरकार का सवा साल में ही तख़्तापलट हो गया। एक निर्दलीय विधायक मधु कोड़ा कांग्रेस के समर्थन से झारखण्ड के मुख्यमन्त्री बन गये। एक निर्दलीय व्यक्ति का मुख्यमन्त्री बन जाना लोकतन्त्र का उपहास सिद्ध हुआ। अर्जुन मुण्डा के हटने के तुरन्त बाद मैंने स्पीकर के पद से स्वतः त्याग-पत्र दे दिया, यद्यपि मधु कोड़ा ने शपथ लेने के पूर्व दिल्ली से ही टेलीफ़ोन करके मुझे आश्वस्त किया था कि उनकी सरकार मुझे ही विधानसभा अध्यक्ष बनाये रखना चाहती है।

मार्च 2007 में पलामू लोकसभा सीट पर उपचुनाव घोषित हो गये क्योंकि 2004 में राजद से जीते सांसद मनोज भुईंया की रिश्तखोरी के मामले में सदस्यता रद्द कर दी गयी थी। अपना-अपना प्रत्याशी खड़ा करने के लिए भाजपा और जदयू में ठन गयी। पत्रकारों ने राँची में जब मुझसे पूछा कि पलामू सीट से भाजपा लड़ेगी या जदयू, मैंने सहज रूप से कह डाला, "पिछले चुनाव में चूँकि भाजपा को जदयू से 55 हज़ार वोट अधिक मिले थे तो दावा दूसरे स्थान की पार्टी का ही बनता है।" मेरा बयान पूर्णतः चुनावी गणित पर आधारित था। 2004 के लोकसभा चुनाव में पलामू से भाजपा दूसरे स्थान पर रही थी और जदयू के राधाकृष्ण किशोर, जिसे मैंने ही टिकट दिलवायी थी, तृतीय स्थान पर रहे। किशोर एक बार फिर संसदीय चुनावी मैदान में उतरने के लिए चूँकि मन बना बैठे थे जिस कारण मेरा बयान उनको नागवार गुज़रा। अपने स्वभाव के अनुकूल उसने फिर राजनीतिक चतुराई दिखाई। जदयू के केन्द्रीय नेताओं, नीतीश कुमार और शरद यादव, के मन में किशोर को मन्त्री बनाये जाने से मेरे प्रति पहले ही गाँठ बँध चुकी थी। किशोर ने उनको प्रभावित करके पलामू से जदयू के प्रत्याशी को लड़वाने की घोषणा करवा दी। इस घोषणा के दिन मैं किसी कार्यक्रम में भाग लेने धनबाद गया हुआ था। समाचार मिलते ही पत्रकारों ने मुझसे सवाल कर दिया कि आपके सुझाव को जदयू के केन्द्रीय नेताओं

ने ख़ारिज कर दिया है, अब आपका दृष्टिकोण क्या होगा? पलामू से पाँच बार विधायक होने के बावजूद केन्द्रीय नेतृत्व ने घोषणा के पहले मेरा दृष्टिकोण जानने तक की जहमत नहीं उठाई। इस उपेक्षा से आहत होकर मैंने पत्रकारों को कह डाला, "यदि केन्द्रीय नेतृत्व को मेरी वाज़िब सलाह तक गवारा नहीं है, तो पार्टी के चुनाव-चिह्न पर जीती हुई अपनी सीट भी त्याग दूँगा।" धनबाद में यह घोषणा करके जब राँची स्टेशन पर पहुँचा तो पत्रकारों का हुजूम मेरा इन्तज़ार कर रहा था। मैं सीधे स्पीकर आलमगीर आलम के आवास पहुँचा और विधानसभा से उन्हें अपना इस्तीफ़ा सौंप दिया।

राष्ट्रकवि रवीन्द्रनाथ टैगोर ने लिखा है, "जोदी तोर डाक सुने केउ ना आसे तोबे एकला चलो रे।" अर्थात् जब तुम्हारी आवाज़ सुनकर कोई भी न आये तो अपने मंज़िल की ओर अकेले ही चल पड़ो।

मेरा यह क़दम वास्तव में दुःसाहसिक था क्योंकि उस समय मधु कोड़ा मुख्यमन्त्री थे और विधानसभा चुनाव में मुझे अकेले विपक्ष और सरकार दोनों का मुक़ाबला करना पड़ता।

मेरी घोषणा के बाद किशोर पलामू लोकसभा की सीट से चुनाव लड़ने की हिम्मत नहीं जुटा पाये और जदयू से उनके स्थान पर जितेन्द्र पासवान चुनाव लड़े। भाजपा ने जवाहर पासवान को अपना प्रत्याशी बनाया। मेरे आकलन के अनुसार भाजपा और जदयू दोनों को हार का मुँह देखना पड़ा और राजद के घूरन राम चुनाव जीत गये।

तीन महीने के अन्दर ही जून 2007 में मेरे द्वारा ख़ाली की गयी डालटनगंज विधानसभा की सीट के उपचुनाव भी घोषित हो गये। मेरे कई पुराने सहयोगी भी त्याग-पत्र के मेरे निर्णय से सहमत नहीं थे। कुछ ने तो यहाँ तक भविष्यवाणी कर दी कि इस विपरीत परिस्थिति में मेरा चुनाव जीतना लगभग असम्भव है। मैंने अपने मनोबल को गिरने नहीं दिया। आजसू के सुप्रीमो सुदेश महतो पहले ही चैनपुर के दारोगा नीरज सिंह को न हटाये जाने के फ़ैसले से मुझसे खार खाये बैठे थे। गृहमन्त्री के रूप में उनके द्वारा लिए गये इस फ़ैसले को मैंने चुनौती दी थी और तत्कालीन मुख्यमन्त्री अर्जुन मुण्डा पर दबाव डालकर नीरज सिंह का तबादला रुकवा दिया था। सुदेश महतो यह तबादला अपने सम्भावित प्रत्याशी अनिल कुमार चौरसिया के कहने पर कर रहे थे ताकि आने वाले चुनावों में उनको पुलिस की सहायता मिल सके। चौरसिया मुझसे दो बार पहले भी चुनाव हार चुके थे।

मेरे आज तक के राजनीतिक जीवन का यह सबसे चुनौतीपूर्ण चुनाव था। सारी सरकारी मशीनरी मुझे हराने में जुट गयी थी। राज्य के गृहमन्त्री सुदेश महतो ने डालटनगंज में डेरा ही डाल दिया। मेरे राजपूत वोट बैंक में सेंध लगाने के लिए पलामू से हुसैनाबाद के विधायक और सिंचाई मन्त्री कमलेश सिंह, ने अपने छोटे भाई बीनू सिंह को भी चुनावी मैदान में उतार दिया। स्वेच्छा से त्याग-पत्र देकर यदि मैं चुनाव हार जाता तो मेरी भद्द पिट जाती। मेरी ख़ुशी का उस समय ठिकाना नहीं रहा जब झारखण्ड की सरकार एवं उसके सहयोगी दल आजसू के द्वारा पूरी ताक़त लगाने के बावजूद मेरे क्षेत्र की महान जनता ने मेरा खुलकर साथ दिया और मैं निर्दलीय प्रत्याशी के रूप में छठी बार विधानसभा पहुँच गया।

चुनावों के परिणाम घोषित होने के बाद पता चला कि आजसू अपनी जीत पर इतनी आश्वस्त थी, कि उसके नेताओं ने जश्न मनाने के लिए राँची से पूरा एक ट्रक आतिशबाज़ी का इन्तज़ाम कर रखा था। ट्रक जब राँची से लातेहार पहुँचा तब तक मतगणना में मेरी जीत पक्की हो चुकी थी इसलिए ट्रक को लातेहार से ही वापस भेज दिया गया।

एक निर्दलीय विधायक के रूप में चुने जाने के बाद पहली बार पता चला कि किस तरह निर्दलियों की भी करोड़ों में बोली लगती है। 2008 में झारखण्ड में राज्यसभा की दो सीटें ख़ाली हो गयीं। निर्दलीय होने के कारण मैं किसी भी मनोनुकूल प्रत्याशी को वोट देने के लिए स्वतन्त्र था। दिल्ली के प्रमुख भाजपा नेता विजय गोयल को चुनाव प्रभारी बनाकर राँची भेजा गया था। गोयल जी ने मुझे भाजपा की बैठक में आमन्त्रित किया और झारखण्ड के देवघर ज़िले के नेता जयप्रकाश नारायण सिंह को अपना वोट देने का आग्रह किया। मैंने इस पर बैठक में ही हाँ कर दी। कांग्रेस के प्रत्याशी सुप्रीम कोर्ट के नामचीन वकील आर.के. आनन्द थे। दोनों के बीच काँटे की टक्कर होने के कारण यह कयास लगाये जा रहे थे कि एक ही वोट से हार-जीत का फ़ैसला होगा।

एक-एक विधायक की दोनों तरफ़ से करोड़ों रुपयों की खुलेआम क़ीमत लग रही थी। आर.के. आनन्द वोट माँगने के लिए मेरे निवास स्थान पर आये। राँची के वर्तमान भाजपा सांसद संजय सेठ उनके साथ थे। उन्होंने मेरे सामने गुहार लगायी, "आप निर्दलीय विधायक हैं इसलिए जिसको चाहें वोट दे सकते हैं।" फिर मेरे घुटनों पर हाथ रखते हुए आग्रह किया, "मैं ज़िन्दगी भर आपके काम आता रहूँगा।" मैंने उनको शालीनता से कहा, "अपनी पहली वरीयता का वोट विजय गोयल के कहने पर मैंने जयप्रकाश नारायण सिंह को देने का वचन दे दिया है इसलिए यदि आप

चाहें तो द्वितीय वरीयता का वोट आपको दे सकता हूँ। अपने वायदे से पीछे हटना मेरी फ़ितरत नहीं है।" वे निराश होकर मेरे घर से गये और दूसरे दिन जब चुनाव के परिणाम निकले तो वास्तव में वे एक ही वोट से हार गये। दिल्ली में हुए एक समारोह में जब आर.के. आनन्द से मेरी मुलाक़ात हुई तो उन्होंने मुस्कुराते हुए कहा कि आपके एक वोट ने मुझे राज्यसभा जाने से रोक दिया।

कुछ ही महीनों में विधानसभा में विपक्ष के नेता अर्जुन मुण्डा ने कोड़ा सरकार के विरुद्ध असामयिक अविश्वास प्रस्ताव पेश कर दिया। निर्दलीय विधायक होने के बावजूद मैंने उनको ऐसा न करने की सलाह दी लेकिन राधा कृष्ण किशोर और कुछ अन्य विधायकों के कहने पर लाया गया यह प्रस्ताव बहस के बाद बुरी तरह गिर गया। यह अवांछित अविश्वास प्रस्ताव कोड़ा सरकार को छह महीनों का पुनः जीवनदान दे गया क्योंकि दूसरा अविश्वास प्रस्ताव छह महीनों के बाद ही लाया जा सकता है। इस एक क़दम ने झारखण्ड के भविष्य को ही दाँव पर लगा दिया। मधु कोड़ा के कार्यकाल में अरबों के घोटाले हुए, जिसके चलते झारखण्ड अख़बारों की सुर्खियों में रहा। इसी का ही परिणाम है कि आज के दिन कोड़ा समेत उनके कई मन्त्रियों को जेल की सलाखों के पीछे रहना पड़ा। इस तरह झारखण्ड में राजनीतिक उथल-पुथल के चलते विकास बाधित होता रहा।

लोकतन्त्र के सर्वोच्च मन्दिर में जाने की इच्छा मैंने कई दशकों से पाल रखी थी। 2009 के आम चुनावों में मैं चतरा सीट से निर्दलीय ही लड़ गया। इस दुस्साहसिक क़दम से मेरे विधानसभा के छह चुनाव जीतने के कीर्तिमान के धूमिल होने का ख़तरा तो था, नक्सल प्रभावित होने के कारण चतरा से चुनाव लड़ना जोखिम भरा भी था। क्या यह कम चमत्कार था कि एक सिख उन बिहड़ जंगलों से खड़ा होने का दुस्साहस करके निर्दलीय चुना गया। एक बड़ा हादसा भी होने वाला था जिसकी चेतावनी मुझे मेरे छोटे साले निर्मलजीत सिंह नरूला, जो तब 'निर्मल बाबा' के नाम से मशहूर हो चुके थे, ने पहले ही दे दी थी।

निर्मल बाबा की चेतावनी

बिहार और झारखण्ड की जात-पात की राजनीति को दरकिनार कर मैं पाँच बार चुनाव जीत चुका था। छठी बार डालटनगंज ने मुझे बिना किसी पार्टी के ही अपना प्रतिनिधि चुन लिया। लोकतन्त्र के सबसे बड़े मन्दिर लोकसभा में जाने की मेरी इच्छा अभी भी अधूरी थी। एक अल्पसंख्यक के लिए विधानसभा का चुनाव जीतना तो फिर भी मुमकिन है लेकिन लोकसभा में धर्म और जाति या पार्टी के समीकरण बहुत मायने रखते हैं। छह बार जीतने के अपने कीर्तिमान की परवाह किये बग़ैर ही 2009 का संसदीय चुनाव मैं निर्दलीय ही लड़ गया। पलामू की सीट लम्बे समय से अनुसूचित जाति के लिए सुरक्षित रहने के कारण क़रीबी चतरा सीट से ही चुनाव लड़ा जा सकता था, जिसका आधा से अधिक हिस्सा पलामू जिले में पड़ता है।

इस चुनाव में मुझे कांग्रेस ही नहीं भाजपा-जदयू गठबन्धन एवं राजद के प्रत्याशियों का भी सामना करना पड़ा। कांग्रेस ने एक नामचीन व्यवसायी धीरज साहू को चुनावी दंगल में उतारा था जिसके प्रचार में कांग्रेस अध्यक्षा सोनिया गाँधी ख़ुद आयी थीं और एक मैं था जो ख़ुद ही अपना स्टार प्रचारक बना घूम रहा था। हर पार्टी की चुनावी मशीनरी पूरे दमखम से लगी हुई थी और मेरे पास अपने परिवार और पुराने समर्थकों के अलावा कुछ नहीं था। यहाँ मैं यह बताना ज़रूरी समझता हूँ कि चुनाव आयोग के ख़र्चा करने की पाबन्दियों की खुलेआम धज्जियाँ उड़ाई जा रही थीं लेकिन मैं अपने पुराने जनसम्पर्क एवं सीमित साधनों से प्रचार करता रहा। आख़िर इस बार चतरा की जनता ने मेरे दिल्ली जाने की इच्छा पूरी कर ही दी।

धर्म और जाति के आधार के बिना एक अल्पसंख्यक का निर्दलीय सांसद बनना एक जीवन्त लोकतन्त्र की मिसाल बना। एक सिख होते हुए सदन में संस्कृत में शपथ लेकर मैंने अपनी धर्मनिरपेक्षता का सबूत दिया वहीं अपनी पहली स्पीच के दौरान सदन को पलामू एवं चतरा की उस महान जनता का बेंच थपथपाकर अभिवादन भी करने के लिए कहा जिसने एक अल्पसंख्यक को निर्दलीय होने के

बावजूद वहाँ से जीताकर भेजा, जहाँ नाममात्र भी सिख मतदाता नहीं। इतना कहना था कि पूरे सदन में बेंच थपथपाने की आवाज़ गूँज उठी जिसमें प्रधानमन्त्री मनमोहन सिंह, कांग्रेस अध्यक्षा सोनिया गाँधी, भाजपा नेता लालकृष्ण आडवाणी और सपा नेता मुलायम सिंह यादव जैसे दिग्गज भी शामिल थे। 15वीं लोकसभा में पहली बार एक महिला, मीरा कुमार, को स्पीकर बनने का मौक़ा मिला जो दलित वर्ग के सर्वमान्य नेता जगजीवन राम की पुत्री हैं। झारखण्ड का प्रथम स्पीकर होने के अनुभव के चलते उन्होंने मुझे पीठासीन पदाधिकारियों (प्रिसाइडिंग ऑफ़िसर) की सूची में शामिल कर लिया।

सोनिया जी ने पहली बार एक महिला को राष्ट्रपति बनने का सम्मान भी दिया था। बजट सत्र की शुरुआत में राष्ट्रपति प्रतिभा देवी सिंह पाटिल जब भाषण देकर सेंट्रल हॉल से बाहर निकल रही थीं तो मेरी सीट के पास रुक कर उन्होंने धीमी आवाज़ में कहा, "आपके भाषण से मैं काफ़ी प्रभावित हुई हूँ।" समारोह समाप्त होने पर कई सांसदों ने मुझसे जानना चाहा कि राष्ट्रपति महोदया ने आपके कानों में क्या कहा? उनकी बात सुनकर मैं सिर्फ़ मुस्कुरा देता।

शुरुआती महीनों में निर्दलीय होने के कारण मुझे जदयू के सांसद और पूर्व केन्द्रीय मन्त्री दिग्विजय सिंह के बगल में सीट दी गयी। उनकी असामयिक मृत्यु हो जाने के कारण उनकी सीट मुझे आवंटित कर दी गयी और बॉलीवुड एक्ट्रेस जयाप्रदा, जिन्हें समाजवादी पार्टी से निष्कासित कर दिया गया था, को मेरी सीट दे दी गयी। एक मशहूर हिरोइन के बगल में बैठने की अपनी मुश्किलें भी होती हैं। कभी-कभी वहाँ बैठना मुझे असहज भी लगता और कभी-कभी वे मुझसे सलाह-मशिवरा भी करतीं।

इसे विडम्बना ही कहेंगे कि एक प्रिसाइडिंग ऑफ़िसर के रूप में मैं जहाँ दूसरों को बोलने का मौक़ा देता वहीं एक निर्दलीय होने के नाते मुझे अपनी बात सदन में रखने के लिए काफ़ी जद्दोजहद करनी पड़ती। उस समय मैं बेहद कुण्ठित हो उठता जब महत्त्वपूर्ण विषयों पर होने वाली बहसों में तैयारी करके तो जाता, लेकिन बोलने का मौक़ा नहीं मिलता और मैं निराश होकर घर लौट जाता। शायद इसी कारण मैं जब स्वयं स्पीकर के आसन पर बैठता तो कोशिश करता कि किसी भी सांसद की अनदेखी न हो। सदन के अन्दर न बोल पाने की कमी लोकसभा टी.वी. पर पूरी कर लेता। विभिन्न विषयों पर होने वाली चर्चा में अक्सर मुझे निष्पक्ष विचार रखने के लिए बुलाया जाता और शामिल होने के 2000 रुपये भी मिलते।

2011 में मेरे सांसद रहने के दौरान महाराष्ट्र के एक बुजुर्ग समाजसेवी अन्ना हजारे ने दिल्ली के रामलीला मैदान में जन लोकपाल बिल को लाने के लिए आन्दोलन छेड़ दिया। जे.पी. आन्दोलन की ही तरह यह भी भारत के जनतान्त्रिक इतिहास में मील का पत्थर बना। कई नामचीन हस्तियों ने अपना सहयोग देकर इस मुहिम को एक लहर बना दिया जिनमें अरविन्द केजरीवाल, किरण बेदी, प्रशान्त भूषण, मनीष सिसौदिया और डॉ. कुमार विश्वास प्रमुख थे। इस आन्दोलन का साक्षी बनते हुए मैंने भी अन्ना के मंच से उनकी माँग का पुरज़ोर समर्थन किया। हजारे ने प्रधानमन्त्री मनमोहन सिंह की कुर्सी को हिलाकर रख दिया और कांग्रेस सरकार को उनके सामने झुकना ही पड़ा।

एक शाम जब मैं पार्लियामेंट से अपने सरकारी निवास-26, महादेव रोड —पहुँचा तो मुझे बताया गया कि एक सज्जन मुझसे मिलने के लिए अतिथि कक्ष में बैठे हुए हैं। मैंने जैसे ही दरवाज़ा खोला तो उस सज्जन ने अभिवादन करते हुए मुस्कुराकर कहा, "मैं अरविन्द केजरीवाल"। टी.वी. और अख़बारों से मशहूर हो चुका उनका चेहरा पहचानते मुझे देर नहीं लगी। बातचीत के दौरान उन्होंने एक स्वलिखित पुस्तक मेरे हाथों में थमाते हुए कहा, "कृपया इसे पढ़कर अपनी प्रतिक्रिया अवश्य भेजिएगा।" उनके आने का उद्देश्य एक और भी था। उन्होंने मुझसे यह भी जानना चाहा कि एक प्रवासी सिख परिवार का होकर मैंने बिहार-झारखण्ड जैसे धर्म और जात-पात पर आधारित प्रदेशों से सात चुनाव कैसे जीते। मैंने हँसकर कहा, "मन चंगा तो कठौती गंगा" जैसे अकबर के द्वारा खींची गयी लकीर के बगल में बीरबल ने एक लम्बी लकीर खींचकर उसे छोटा कर दिखाया था, उसी तरह जात-पात एवं धर्म की लकीर को जनसेवा से कोई भी व्यक्ति छोटा कर सकता है।"

अरविन्द केजरीवाल, जो अपनी आई.आर.एस. की नौकरी को लात मारकर अन्ना के काफ़ी क़रीब आ गये थे, ने आन्दोलन ख़त्म होने के बाद अपना रास्ता अलग कर लिया। विभिन्न विषयों पर उनके साथ हुई चर्चा के बाद मैंने भाँप लिया कि केजरीवाल पूरी तरह राजनीति में कूदने का मन बना चुके हैं। वास्तव में हुआ भी वही। उन्होंने आम आदमी पार्टी (आप) का गठन किया और दिल्ली विधानसभा चुनाव में पहली ही बार में ऐतिहासिक जीत दर्ज कर ली। दिल्ली में दो बार सरकार बनाने के बाद आम आदमी पार्टी ने पंजाब में भी अपना सिक्का जमा लिया है।

बीहड़ जंगलों से घिरा होने के कारण मेरा चुनाव-क्षेत्र चतरा नक्सलवादियों का

अड्डा माना जाता था। नक्सलियों के खौफ बढ़ जाने के बावजूद मैं घने जंगलों में बेधड़क आया-जाया करता।

झारखण्ड के नदी-जंगल मुझे बचपन से ही आकर्षित किया करते थे और प्रकृति ने कई बार जीवनदान देकर मुझे अपनी गुप्त शक्ति का कायल कर दिया था। 2011 में एक बड़े हादसे ने मुझे झकझोर कर रख दिया और विज्ञान का विद्यार्थी होने के बावजूद मैं आलौकिक शक्तियों पर सोंचने के लिए मजबूर हो गया।

2000 के दशक में मेरा छोटा साला 'निर्मल बाबा' के नाम से मशहूर हो चुका था। उसका मेरे दिल्ली के सरकारी आवास में अक्सर आना-जाना लगा रहता। नवम्बर 2011 की एक शाम जब मैं पार्लियामेंट से लौटा तो मेरी पत्नी अपने छोटे भाई के साथ गम्भीर मुद्रा में बैठी हुई थी।

मुझे देखते ही मलविन्दर ने कहा, "इधर आइए"।

मेरे पास बैठते ही वह बोल पड़ी, "निर्मल काफ़ी चिन्तित है।"

मैंने जब कारण पूछा तो वह कहने लगी, "आपके आने से पहले वह रोकर कह रहा था कि जीजाजी पर कोई बड़ा हमला होने वाला है इसलिए उन्हें बुलेटप्रूफ़ गाड़ी में चलना चाहिए।"

मैंने भाई-बहन दोनों को गुरुबाणी का सारांश बताते हुए कहा, "मौत आने के बाद कोई बचा नहीं सकता और बचना हो तो कोई मार नहीं सकता।" मैं एक साधारण निर्दलीय सांसद हूँ जो गाड़ी को बुलेटप्रूफ़ बनाने पर लाखों ख़र्च नहीं कर सकता।"

मेरी बात सुनते ही निर्मल बोल पड़ा, "आप ख़र्चे की चिन्ता न करें। मैंने अपने लिए एक बुलेटप्रूफ़ गाड़ी का ऑर्डर दे रखा है, यदि आप कहें तो मैं एक की जगह दो बुलेटप्रूफ़ गाड़ियाँ बनवा लेता हूँ।"

मैंने गुरु नानक के शब्दों को पुनः दोहराया और हँसते हुए उठकर चला गया।

किसे पता था कि एक महीने बाद निर्मल की चेतावनी सच साबित होने वाली थी। 03 दिसम्बर 2011 को मुझे अपने चुनाव-क्षेत्र के लातेहार ज़िले के महुआडाड़ में सेंट जेवियर कॉलेज की शाखा का उद्घाटन करना था।

पिछले महीने नक्सलियों के बड़े नेता किशन जी की पश्चिम बंगाल में हत्या हो जाने के कारण झारखण्ड के नक्सलियों ने दिसम्बर 4 और 5 दो दिन बन्दी का ऐलान कर दिया।

मैं चूँकि 2 दिसम्बर की रात राँची में था इसलिए सुबह चलकर नेतरहाट होते हुए 11 बजे के लगभग कॉलेज के उद्घाटन के लिए महुआडांड़ पहुँच गया।

उद्घाटन की औपचारिकता पूरी करके तीन बजे अपराह्न मैं डालटनगंज के लिए निकल पड़ा। महुआडांड़ से डालटनगंज जाने का रास्ता बारेसांढ़ के घने जंगलों से होकर गुज़रता है। सरकारी सुरक्षा इन्तज़ामों के अनुसार महुआडांड़ थाने से बारेसांढ़ तक महुआडांड़ पुलिस ने मुझे एस्कॉर्ट करना था और बारेसांढ़ से बेतला तक गारू थाने की पुलिस की ज़िम्मेवारी थी। बारेसांढ़ से महुआडांड़ पुलिस की गाड़ी लौट गयी लेकिन गारू की पुलिस वहाँ नहीं पहुँची। गारू से बारेसांढ़ की दूरी लगभग 25 किलोमीटर है। मैंने उन घनघोर जंगलों का सफ़र अपने ड्राइवर और एक निजी सुरक्षाकर्मी के साथ तय किया। गारू से एक किलोमीटर बाहर वहाँ की पुलिस मेरा इन्तज़ार कर रही थी। अँधेरा होने को था और पुलिस वैन बुलेटप्रूफ़ तो थी लेकिन जर्जर स्थिति में थी। मैंने गाड़ी रोकी और पुलिसवालों को कहा, "थोड़ी ही देर में मैं बेतला नेशनल पार्क पहुँच जाऊँगा जहाँ से डालटनगंज ख़ास दूर नहीं। आपकी गाड़ी भी जर्जर स्थिति में है इसलिए मेरी गाड़ी की रफ़्तार से नहीं चल पायेगी। आप सभी लोग थाना लौट जाइये।"

इतना कहकर मैं तेज़ रफ़्तार से डालटनगंज की ओर निकल गया। हमारी गाड़ी ने थोड़ा ही फ़ासला तय किया होगा कि एक बड़े धमाके की आवाज़ से वह काँप उठी। कुछ किलोमीटर आगे लाभर नाके पर मैंने अपनी गाड़ी को रोका और वहाँ तैनात एक दक्षिण भारतीय सी.आर.पी.एफ. जवान को अवगत कराया, "जरा पता कीजिए, कुछ समय पहले हमने एक बड़े धमाके की आवाज़ सुनी है।" अँधेरा हो जाने के कारण मैं डालटनगंज के लिए निकल गया। मैं बेतला पहुँचा भी नहीं था कि प्रधानमन्त्री मनमोहन सिंह का फ़ोन आ गया। जब उन्होंने मेरी खैरियत पूछी तब मुझे पता चला कि नक्सलियों ने लैंडमाइन (बारूदी सुरंग) से मुझे उड़ाने की कोशिश की थी। टी.वी. पर न्यूज़ फ्लैश होने की देर थी कि मुझे लगातार शुभचिन्तकों के फ़ोन आने लगे। मेरे बेटे दिलीप सिंह ने भी घबराकर मुझे फ़ोन किया और मेरे सुरक्षित होने की सूचना दूसरे परिवारजनों को दी।

जब अख़बारों से पता चला कि मना करने के बावजूद मेरे ही पीछे आ रही पुलिस वैन के सभी जवान शहीद हो गये हैं तो मैं सिहर उठा। मैं मानसिक तनाव से गुज़र रहा था कि झारखण्ड के तत्कालीन डी.जी.पी. जी.एस. रथ ने मुझ पर आरोप लगा दिया कि मैं महुआडांड़ से देर से चला। यह बिल्कुल सही नहीं था और मैंने उनके बयान को चुनौती दे दी। एक न्यूज़ चैनल ने हमें बहस के लिए बुला लिया। बहस का समय सन्ध्या सात बजे सुनिश्चित हुआ पर दो घण्टे पूर्व ही मुझे सूचित किया गया कि डी.जी.पी. साहब ने आने से इन्कार कर दिया है।

दिल्ली लौटने पर निर्मल मेरे सरकारी आवास पर आया और मुझे याद दिलाया, "जीजा जी, मैंने पहले ही आपको आने वाले संकट की चेतावनी दे दी थी।" मैंने उसे जवाब दिया, "निर्मल, तुम भी सही निकले और मैं भी। पुलिस तो बुलेटप्रूफ़ गाड़ी में ही थी।" मैंने उसे रामचरितमानस का एक दोहा भी सुना डाला :

सुनहु भरत भावी प्रबल, बिलख कहयो मुनिनाथ।
हानि-लाभ जीवन-मरण, यश-अपयश विधि हाथ।।

इसमें मुनिवर वशिष्ट जी राम के वन गमन के बाद व्यथित भरत को समझाते हैं कि हानि-लाभ, जीवन-मरण, यश एवं अपयश नियति के हाथों में ही होता है।

कुछ ही महीनों में निर्मल पर विशिष्ट मुनि की 'यश-अपयश' वाली उक्ति सच साबित हुई। 2012 के शुरुआती महीनों में जब वह हर घण्टे टी.वी. पर आ रहा था और दसवंद जमा करने के लिए श्रद्धालुओं को उसके बैंक खातों का विज्ञापन प्रसारित किया जा रहा था तो मैंने अपने सरकारी निवास में दोपहर के भोजन के वक़्त उसे समझाया था, "गुरु नानक ने कहा है कि 'करामात' कहर का दूसरा नाम है। अगर तुममें कोई शक्तियाँ आ गयी हैं तो उसे तिजारत नहीं बनाया जाना चाहिए।" मेरी इस हिदायत को उसने गम्भीरता से नहीं लिया। होनी बलवान थी और निर्मल को अपयश का सामना करना ही पड़ा। अप्रैल 2012 में झारखण्ड के एक प्रमुख अख़बार, प्रभात ख़बर, ने बैंकों के बाहर नये नोटों के लिए लग रही लम्बी क़तारों को निर्मल बाबा के नुस्खे का परिणाम बताते हुए उनके बैंक खातों में रोज़ाना जा रही करोड़ों की रकम के आँकड़ों का खुलासा करना शुरू कर दिया। कुछ टी.वी. चैनलों ने इस ख़बर को इस कदर से उछाला कि निर्मल बाबा पर धोखाधड़ी के पुलिस केस होने लगे और उनकी सम्पत्ति और नुस्खों पर सवाल उठने लगे।

अपने प्रोग्राम को दर्जनों हिन्दी चैनलों पर प्रसारित करने के लिए निर्मल प्रतिमाह लाखों ख़र्च करता था और श्रद्धालुओं को अपने समागम में आने के लिए 2000 रुपये का शुल्क और दसवंद भी देना पड़ता। सिख धर्म में अपनी आमदनी का दसवाँ हिस्सा, जिसे दसवंद कहा जाता है ग़रीबों में ख़र्च करने की हिदायत है। हिन्दुओं में इसे दशांश और इस्लाम में ज़कात कहते हैं।

जब यह प्रचारित हो गया कि निर्मल बाबा सांसद इन्दरसिंह नामधारी के साले हैं, पत्रकारों के हुजूम मेरे सरकारी आवास पर मँडराने लगे। यह मेरे लिए एक बड़ा धर्म संकट था क्योंकि पूरे देश का मीडिया मानो निर्मल बाबा को 'ढोंगी' साबित करने में जुटा था। पहले तो मैंने अपनी प्रतिक्रिया देने से इनकार कर दिया और अपने

चुनाव-क्षेत्र चतरा लौट गया। एक पत्रकार मेरा पीछा करते हुए पलामू के सतबरवा ब्लॉक की पहाड़ी चढ़कर वहाँ स्थित बलवन्त सिंह नामधारी कॉलेज में आ गया जो मेरे स्वर्गीय भाई के नाम पर है। उस पत्रकार ने मेरी चुप्पी पर सवाल उठाते हुए जब पूछा, "क्या आप निर्मल बाबा के तौर-तरीक़ों से सहमत हैं।" तब मैंने यह बयान दे दिया, "मैंने उसे शेर की सवारी न करने की सलाह देते हुए समझाया था कि किसी के पास अगर अलौकिक शक्तियाँ हों भी तो उसे तिजारत नहीं बनाना चाहिए।" मेरे इस बयान से निर्मल ऐसा नाराज़ हुआ कि उसने '**आजतक**' चैनल के अभिसार शर्मा को एक एक्सक्लूसिव इंटरव्यू में कहा, "आपकी बात सच है कि मैंने डालटनगंज में ईट का भट्ठा लगाया था और गढ़वा में कपड़े की दुकान भी चलाई। हरेक ईट इस बात की गवाह है कि सारा कंट्रोल मेरे बहनोई इन्दर सिंह नामधारी के हाथों में था। मैंने ऐसा मेंटल टॉचर सहा है कि उन्होंने मुझे निर्मलजीत सिंह नरूला से निर्मल बाबा बना दिया। जो ख़ुद के लिए परेशान था आज पूरी दुनिया का भला कर रहा है।"

मैंने उसके बयानों का जवाब देना उचित नहीं समझा क्योंकि उसने जो भी कहा, ग़ुस्से और प्रतिक्रिया में कहा।

निर्मल मात्र 12 वर्ष का था जब मेरी शादी हुई। मैंने उसे अपनी आँखों के सामने बड़ा होते हुए देखा है जिस कारण उससे मेरा रिश्ता एक बड़े भाई के समान था। ईंट का भट्ठा लगाने जब वह डालटनगंज आया तो वह मात्र 22 साल का नौजवान था। भाइयों के बीच हुए सम्पत्ति के बँटवारे में मेरे हिस्से दो कपड़े की दुकानें आयी थीं जिन्हें कुछ सगे-सम्बन्धी सँभाल रहे थे। ईंट का भट्ठा न चलने के कारण मैंने गढ़वा की कपड़ा दुकान निर्मल के ज़िम्मे कर दी थी। इमरजेंसी में जेल चले जाने के कारण न तो मैंने उससे कभी हिसाब-किताब माँगा और न ही कभी दखलन्दाज़ी ही की। 1976 में सुषमा से उसकी शादी भी मेरे जेल-यात्रा के दौरान ही हुई। मेरे जेल से बाहर आने के कुछ ही हफ़्तों बाद वह लुधियाना लौट गया और रेडिमेड शर्ट बनाने का काम शुरू कर दिया। इस काम में भी वह सफल नहीं हो पाया तो 1970 के आख़िरी सालों में अपने परिवार के साथ राँची आ गया। यहाँ उसने लाइम स्टोन माइनिंग का काम शुरू किया। काम सफल होते ही उसने लुधियाना में अपनी कोठी बेचकर राँची में ही घर ख़रीद लिया लेकिन ज़्यादा देर रह नहीं पाया। 1982 में वह किसी काम से लुधियाना गया जहाँ एक सड़क हादसे में उसका एक पैर बुरी तरह जख्मी हो गया। ऑपरेशन के बाद पूरी तरह ठीक होने में उसे लगभग एक साल लग गया जिस दौरान उसके नये व्यवसाय का भी भट्ठा बैठ गया। वह सपरिवार 1983

में दिल्ली जा बसा। उसे क्या पता था अगले ही साल दिल्ली में सिख-विरोधी दंगे भड़क जायेंगे। दंगाइयों से बचने के लिए उसने केश कटवा लिए और फिर कभी धारण नहीं किये। यह शायद उसके 'निर्मल बाबा' बनने का पहला सबब था। मैंने उसे नाकामयाबियों से निराश होते तो देखा था लेकिन हताश नहीं।

दिल्ली में भी कोई काम-धन्धा न चलने पर वह पुन: 1990 के दशक में बिहार लौट आया। इस बार उसने बहरागोड़ा माइंस में काइनाइट की खुदाई का ठेका ले लिया लेकिन उसका मन बेचैन रहता। जब भी डालटनगंज आता तो यही बात दोहराता, "एक बार मेरा चक्कर चलने दीजिए, फिर देखियेगा।" मैं उसके जीवन की कठिन परिस्थितियों से अनजान नहीं था और हर बार उसकी मुँहमाँगी मदद करता। बात फिर ले-देकर भाग्य पर आकर ही रुक जाती है। शायद वही उसे एक अज्ञात रास्ते की ओर धकेल रहा था। 1998 के शुरुआती महीनों में वह बिहार छोड़कर वापस अपने परिवार के पास दिल्ली लौट गया। मेरी बीवी के पूछने पर उसने बताया, "मुझे अपने अन्दर अलौकिक शक्तियों का आभास होता है। मुझे यह शक्तियाँ लोगों की मुसीबतों को दूर करने का हुक्म दे रही हैं।" उसने यह तो नहीं बताया कि ऐसी शक्तियाँ उसे कैसे हासिल हुईं पर सुनकर हैरत ज़रूर हुई कि जिसका अपना ही ख़ुद का कोई काम न चल पाया हो, वह भला दूसरों की क्या मदद करेगा? देखते-ही-देखते उसका यह काम ऐसा चला कि वह अपने मुहल्ले, सन्तनगर के कम्यूनिटी सेंटर में चौकियाँ बैठाने लगा और कुछ ही सालों में बड़े-बड़े समागम करने लगा। 'निर्मल दरबार' के नाम से रखे जाने वाले इन समागमों में हज़ारों की तादाद में श्रद्धालु जुटने लगे। निर्मल अपने भक्तों से क्या माँगता और उन्हें क्या उपाय बताता इस बात से पूरा देश बेख़बर था और हम भी।

इन बातों का पता तो तभी लगा जब 2011 में 'निर्मल दरबार' का प्रसारण टी.वी. पर शुरू हो गया। 30 मिनट के प्रोगाम को 'द थर्ड आई ऑफ़ निर्मल बाबा' के नाम से दर्जनों चैनलों पर दिखाया जाने लगा और "निर्मल बाबा" के नुस्खे घर-घर में मशहूर हो गये। उसका अन्दाज़ भी निराला था और नुस्खे भी। वह 'शक्तियों की किरपा' के लिए लोगों को कभी खान-पान की सलाह देते तो कभी अपनी मनपसन्द चीज़ को पाने के टोटके बताते। उनका धन को आकर्षित करने का नुस्खा इतना लोकप्रिय हो गया कि उन पर भी क़द्रदानों और रुपयों की वर्षा होने लगी। मेरी बीवी मलविन्दर ने अपने भाई की सलाह पर एक नये काले पर्स में नये नोटों की गड्डी रखनी शुरू कर दी। घर चलाने के लिए वह नये नोटों की गुज़ारिश करती लेकिन उसे ख़र्च करने के बजाय काले पर्स में ही रखती ताकि पैसों की बरसात होती

रहे। यह मेरे सिद्धान्तों के ख़िलाफ़ था क्योंकि मेरा यह मानना रहा है कि धन बाँटने से बढ़ता है, जमा करने से नहीं। वैसे भी पैसों से मेरा रिश्ता सिर्फ़ ज़रूरतों को पूरी करने तक ही रहा है। आज तक जो भी सुविधाएँ मिलीं, सरकारी ओहदों के बनिस्पत ही। मुझे भी कई सांसद मज़ाक़ के लहजे में पूछते, "हम पर किरपा कब होगी?"

निर्मलजीत को नाराज़ करके मैंने दोहरी मुसीबत मोल ले ली। एक तरफ़ टी.वी. वाले मेरा पीछा नहीं छोड़ते और दूसरी तरफ़ मेरी बीवी अपने छोटे भाई की नाराज़गी और हम दोनों के मतभेदों के सार्वजनिक हो जाने से उदास रहने लगी। धीरे-धीरे उसकी तबीयत भी बिगड़ने लगी। निर्मल की नाराज़गी आठ सालों तक जारी रही। 31 दिसम्बर, 2019 की रात मलविन्दर को एक अज्ञात नम्बर से फ़ोन आया। उसके छोटे भाई ने जैसे ही उसे आने वाले नये साल की मुबारकबाद दी, मेरी पत्नी के शरीर में नयी स्फूर्ति आ गयी। निर्मल ने जब उसे हँसते हुए बताया कि उसके द्वारा बनायी गयी पिन्नियाँ उसने चख ली हैं तो मेरी बीवी को वाकई डिब्बे में कम पिन्नियाँ नज़र आयीं। निर्मल ने उससे यह भी पूछा, "बेसन की कढ़ी आख़िरी बार कब बनायी थी।" मेरी बीवी ने अगले ही दिन बेसन की कढ़ी बनाने की हिदायत दे डाली। दोनों भाई-बहन अभी भी अक्सर बातें करते हैं लेकिन जीजे-साले का हमारा रिश्ता महज़ एक औपचारिकता बनकर रह गया है।

मेरे सांसद काल का क़िस्सा अभी पूरा नहीं हुआ है। उन पाँच सालों की एक बड़ी यादगार और भी थी। झारखण्ड विधानसभा का स्पीकर रहने के दौरान मुझे अंग्रेज़ों द्वारा शासित रहे मुल्कों (कॉमनवेल्थ पार्लियामेंट्री एसोसियेशन) में होने वाली बैठकों में जाने का मौक़ा तो मिला लेकिन मैं अपनी जन्मभूमि देखने का सपना पूरा नहीं कर पाया था। फ़रवरी 2012 में जब स्पीकर मीरा कुमार का पाकिस्तान दौरा तय हुआ तो उन्होंने मुझे भी अपने प्रतिनिधि मण्डल में शामिल कर लिया। भारतीय लोकसभा के किसी स्पीकर का पाकिस्तान जाने का यह पहला अवसर था। इस्लामाबाद में जब दोनों मुल्कों के सांसदों की बैठक समाप्त हुई तो मैंने साथ बैठे पाकिस्तानी सांसद से अपने पुश्तैनी गाँव जाने की इच्छा ज़ाहिर की।

संयोगवश, नौशेरा खोजियाँ, उन्हीं के संसदीय चुनाव-क्षेत्र, गुजरात में पड़ता था। उन्होंने बेहद ख़ुशी ज़ाहिर करते हुए कहा, "मेरा छोटा भाई जलालपुर का मेयर है। कल जब आप लोग लाहौर पहुँचेंगे तो मैं आपके जाने की सारी व्यवस्था कर दूँगा।" दुविधा यह थी कि मीरा कुमार ने प्रतिनिधि मण्डल के सदस्यों को सख़्त हिदायत दे रखी थी कि सुरक्षा कारणों से कोई भी सांसद अकेला कहीं न जाये। जन्मभूमि को देखने की उत्कट लालसा स्पीकर की हिदायत पर भारी पड़ी। उनको

बिना बताये मैं लाहौर पहुँचने पर गुजरात के सांसद द्वारा भेजी गयी गाड़ी और सिक्यूरिटी के साथ सुबह पाँच बजे ही होटल से निकल गया क्योंकि उसी दोपहर हमें वापस दिल्ली लौटना था। उनके छोटे भाई मुझे पहले जलालपुर में अपने घर ले गये और काफ़ी आवभगत की।

अगस्त 1947 में देश के बँटवारे के दृश्य मेरे दिमाग़ पर ऐसी छाप छोड़ गये थे कि घर-बार छोड़कर जाते हुए शरणार्थियों के हुजूम अक्सर सपनों में आ जाते। गाँव जाते हुए ऐसा लगा मानो वक़्त थम गया हो। गाँव पहुँचते ही मानो उस समय की तस्वीर एक रील की तरह मेरे दिमाग़ में चल पड़ी। जो यादें धुँधली पड़ गयी थीं वहाँ के बुजुर्गों ने तरोताज़ा कर दिया। उन्हें मेरे पिता योध सिंह और बड़े भाइयों के नाम तक याद थे लेकिन गाँव का नक़्शा पूरा बदल चुका था। सिखों की दुकानों और मकानों को तोड़कर नये घर बन चुके थे। मैंने उन्हें बताया, "मेरी माँ मुझे हरेक रविवार की सुबह गुरुद्वारा ले जाया करती थी, क्या वह अभी तक कायम है?" बुज़ुर्ग मुझे गुरुद्वारे तक ले गये और उनमें से एक ने कहा, "यह गुरुद्वारा हमारी भी सांस्कृतिक धरोहर है।" 65 सालों के बाद भी हमारा गुरुद्वारा ज्यों-का-त्यों खड़ा था। मैंने गुरुद्वारे के सामने खड़े होकर अपने पुराने घर का अन्दाज़ लगा लिया। चाहे वह पूरी तरह बदल चुका था उसे छूकर मेरे दिल की एक अधूरी तमन्ना पूरी हो गयी। अपनी जन्मभूमि नहीं देख पाने का वरना अफ़सोस रह जाता और कुछ गहरे ज़ख़्म भी भर न पाते। संस्कृत की एक सूक्ति—जननी जन्मभूमिश्च स्वर्गादपि गरीयसी—का यही अभिप्राय है कि जन्म देने वाली माँ एवं जन्मभूमि स्वर्ग से भी ज़्यादा वज़नदार होती है।

करामात या कहर

निर्मल बाबा की चेतावनी का सच होना क्या महज़ एक इतेफ़ाक था या वाकई मनुष्य में भी अलौकिक शक्तियाँ पैदा हो सकती हैं? यह पहली बार नहीं था कि मौत से मेरा क़रीबी साक्षात्कार हुआ था। प्रकृति ने मुझे कई बार जीवनदान दिया है जिससे मेरी प्रबल धारणा बन गयी है कि इस विश्व को चलाने वाला कोई व्यक्ति नहीं, एक अदृश्य शक्ति है जिसे हरेक धर्म में अलग-अलग नामों से पुकारा जाता है। विज्ञान का छात्र होने के कारण मैं अन्धविश्वास में पड़ना तो नहीं चाहता लेकिन ईश्वरीय शक्ति पर मेरे अटूट विश्वास को कई बार आलौकिक शक्तियों ने चुनौती दी है। हमारे पौराणिक ग्रन्थों में भी ऋद्धियों और सिद्धियों का जिक्र है। माना जाता है कि त्रेता युग में शाप से पत्थर बनी गौतम ऋषि की पत्नी अहिल्या राम के चरण स्पर्श से दोबारा जीवित हो उठी। द्वापर युग में कृष्ण ने तो गोवर्धन पर्वत को ही उँगली पर उठा लिया था। दोनों को ही ईश्वर का अंशावतार माना जाता है।

हर देश और संस्कृति में रूहानी ताकतों पर किस्से-कहानियाँ सुनने को मिल जाएँगी। इस्लाम भी करामात को मानने में पीछे नहीं। फिर सिखों के आदिगुरु नानक ने करामात को कहर का नाम क्यों दिया है? इतिहास के पन्ने भी अलौकिक शक्तियों के क़िस्सों से भरे पड़े हैं। उनमें ऐसे सन्तों और फ़क़ीरों का ज़िक्र है जिन्होंने कठोर साधना और गहन आत्मज्ञान से कुछ ऐसे करतब कर दिखाये जिन्हें देखने वालों ने चमत्कार का नाम दे दिया।

आज से लगभग छह सौ साल पहले कबीर जैसे महान सन्त ने धर्म के नाम पर पनप रहे आडम्बरों पर जब प्रश्न उठाये तो बनारस के हिन्दू एवं मुस्लिम निवासियों ने उन्हें धर्मविरोधी करार दिया। जनाक्रोश को देखते हुए बनारस के नवाब ने कबीर को जंजीरें बाँधकर उफनती गंगा में फेंकवा देने का फ़तवा जारी कर दिया। इस घटना का जिक्र स्वयं कबीर जिन शब्दों में करते हैं, वह सिखों के गुरुग्रन्थ साहिब में कुछ इस तरह दर्ज हैं...

गंग गोसाइन गहर गम्भीर।
ज़ंजीर बाँधकर खड़े कबीर।।
मन न डिगे तन काहे को डराये।
चरण कमल चित रहा समाए।।
गंगा की लहर मेरी टूटी ज़ंजीर।
मृग छाला पर बैठे कबीर।।
कह कबीर कोई संग न साथ।
जल-थल राखन है रघुनाथ।।

(उफनती गंगा की लहरों में फेंके जाने के बाद ईश्वर ने मेरी ज़ंजीरों को तोड़ डाला और मैं लहरों पर ऐसे बहने लगा जैसे किसी मृगशाला पर बैठा हूँ)

देखने वालों ने इस घटना को भले ही कबीर की करामात माना लेकिन उन्होंने ख़ुद को ऐसा चमत्कार दिखाने के क़ाबिल न समझते हुए, इसे ईश्वर की लीला ही करार दिया।

न कुछ किया न करेंगे, न कर सका शरीर
क्या जाने जो हरि किया, भयो कबीर-कबीर

(न मैंने कुछ किया है, न ही कर सकता हूँ। यह प्रभु की महिमा ही है जिसे हरेक व्यक्ति कबीर-कबीर की रट लगा रहा है)

कुछ ऐसा ही चमत्कार महाराष्ट्र के महान् सन्त नामदेव के जीवन में भी हुआ जिसका वर्णन भी उन्हीं के शब्दों में गुरुग्रन्थ साहिब में दर्ज है। दलित वर्ग का होने के कारण नामदेव को जब बाँह पकड़कर किसी कट्टरपन्थी ने मन्दिर से बाहर निकाल दिया तो वह आहत होकर ईश्वर को उलाहना देते हुए कहते हैं :

हसत खेलत तेरे देहुरे आया।
भक्ति करत नामा पकड़ उठाया।।
हीनड़ी जात मेरी गोविन्द राया।
छीपे के जन्म मोको काहे को आया।।
लै कमली चलया पलटाये।
देहुरे पाछे बैठा जाये।।
ज्यों-ज्यों नामा हरि गुण उचरै।
भक्त जना का देहुरा फिरै।।

(हे ईश्वर! मैं तो ख़ुशी से झूमता हुआ तुम्हारे दर्शन के लिए मन्दिर आया था लेकिन पुजारियों ने मेरी बाँह पकड़कर मुझे मन्दिर के बाहर निकाल दिया। आख़िर तुमने मुझे धोबी की निम्न जाति में पैदा ही क्यों किया? मैं अपनी चादर लेकर मन्दिर के पीछे जाकर बैठ गया और परमात्मा के गुणों का बखान करने लगा। जैसे-जैसे मैं हरिनाम की रट लगाने लगा देखते-ही-देखते मन्दिर का द्वार घूमकर मेरे सम्मुख आने लगा)

नानक एक समन्वयकारी गुरु थे जो हरेक धर्म को समान रूप से मान्यता देते हुए यही कहते थे कि सभी धर्मों का लक्ष्य उसी एक ईश्वर को पाना है जो निराकार है। उन्होंने धर्म के मर्म को समझाने के लिए दूर-दराज के अन्य धार्मिक स्थलों की भी यात्राएँ कीं। ख़्वाजा जैन-उल-आबेदीन ने अपनी किताब 'तारीख़-ए-अरब' में गुरुनानक की मक्का यात्रा की आँखों-देखी दास्ताँ लिखी है। गुरुनानक को क़ाबा की तरफ़ पैर करके सोये देख वहाँ के पहरेदारों ने क़ाज़ी रूख-नु-दीन को ख़बर कर दी और वह ग़ुस्से में आग-बबूला होकर वहाँ पहुँचा और पूछा, "यह काफ़िर कौन है जो ख़ुदा के घर की तरफ़ पैर करके सोया है?" गुरुनानक ने नम्रता से कहा, "मुझे पता नहीं अल्लाह किस तरफ़ है। मेरे पैर उस तरफ़ कर दो जिधर खुदा न हो।" ग़ुस्से में जीवन क़ाज़ी ने उनके पैरों को पकड़कर घुमा डाला। आगे का नज़ारा देखकर लोग हैरतअंगेज़ हो गये। नानक के पैरों के साथ-साथ क़ाबा भी घूम गया। यह प्रसंग भी मेरी माँ अक्सर गाकर सुनाया करती थी।

नानक ने अपने शिष्यों को भी एक ही गुरुमन्त्र दिया—ख़ुदा ज़र्रे-ज़र्रे में व्याप्त है। शिष्य से ही 'सिख' शब्द उत्पन्न हुआ और एक नया धर्म भी।

सिख गुरु भी रूहानी ताक़तों को पूरी तरह से नहीं नकारते बशर्ते उनका इस्तेमाल परमार्थ के लिए हो, निजी स्वार्थ के लिए नहीं। विज्ञान चाहे जितनी भी तरक़्क़ी कर ले आज के युग में भी पीरों और सन्तों की शक्तियों पर विश्वास करने वालों की कमी नहीं। 'कृपा' के लिए जुटी श्रद्धालुओं की भीड़ से कुछ लोग 'गॉडमैन' का रुतबा अख़्तियार कर लेते हैं और नेता से लेकर अभिनेता तक उनके दरबार में हाज़िरी भरते हैं। कुछ ऐसा ही काम मैंने भी किया जब अपनी धर्मपत्नी मलविन्दर के आग्रह पर मैं पुट्टपर्थी के सत्य साईं बाबा के दरबार जा पहुँचा।

क़िस्सा 2010 का है जब मैं एक संसदीय समिति की बैठक के लिए बेंगलुरु जाने वाला था। मेरी पत्नी ने साथ जाने की इच्छा प्रकट करते हुए कहा, "मेरे कन्धों में काफ़ी दर्द रहता है। मैं सत्य साईं बाबा के आश्रम में जाकर उनका आशीर्वाद

लेना चाहती हूँ।"

संसदीय कार्यों से निवृत्त होकर मैं पत्नी के साथ पुट्टपर्थी के लिए निकल गया जो बेंगलुरु से लगभग 150 किलोमीटर दूर आन्ध्र प्रदेश में पड़ता है। चमत्कारों का प्रदर्शन करके आन्ध्र प्रदेश के छोटे-से शहर पुट्टपर्थी को सत्य साई बाबा ने भव्य इमारतों और सुविधाओं से सजा दिया था। अपने आने की सूचना मैंने उनके कार्यालय को पहले ही दे दी थी। वहाँ पहुँचने पर हमें सुनिश्चित स्थान पर बैठा दिया गया। सत्य साईं बाबा का स्वास्थ्य उन दिनों ठीक नहीं चल रहा था और वे धीमी गति से चलते हुए श्रद्धालुओं से मिल रहे थे। हमारे पास पहुँचते ही उन्होंने अकस्मात् मेरी पत्नी से पूछ डाला, "क्या आपके कन्धों में बहुत दर्द रहता है?" पत्नी ने तुरन्त जवाब दिया, 'जी हाँ'! बाबा ने हवा में हाथ उठाया और जाने कहाँ से सोने की अँगूठी और विभूत मेरी पत्नी के हाथों में थमा दी। पता नहीं यह चमत्कार था या फिर मेरी पत्नी का अन्धविश्वास लेकिन उस अँगूठी का ऐसा असर हुआ कि उसके कन्धों से दर्द काफूर हो गया। वह अँगूठी मेरी पत्नी ने अभी तक सँभाल कर रखी है।

सत्य साईं बाबा की तामझाम देखकर मुझे एक पुरानी घटना याद हो आयी जब मैं सरयू नदी के किनारे एक मचान पर डेरा डाले देवराहा बाबा के दर्शन करने उत्तर प्रदेश में उनके आश्रम जा पहुँचा था। उनकी कृपा तो पैरों से ही बरसती थी। बात 1979 की है जब मैं बिहार राज्य पथ परिवहन निगम का चेयरमैन था। यू.पी. से सटे बिहार के छपरा ज़िले में एक परिवहन डिपो का निरीक्षण करने के बाद मैं घर लौटने को था कि वहाँ के अधीक्षक ने मुझसे आग्रहपूर्वक कहा, "सर आप जब छपरा तक आ ही गये हैं तो देवराहा बाबा का दर्शन भी क्यों नहीं कर लेते? उनका आश्रम यहाँ से ज़्यादा दूर नहीं है।" बचपन से ही साधु-सन्तों के प्रति झुकाव होने के कारण मैं देवरिया के लिए निकल गया। उनके आश्रम में पहुँचकर देखा कि लँगोटी पहने देवराहा बाबा सरयू नदी के किनारे एक मचान पर विराजमान थे और उनके दर्शन के लिए क़तारें लगी हुई थीं। 1980 के बिहार चुनाव सिर पर थे और बाबा के पास टिकटार्थियों का जमावड़ा भी लगा हुआ था। तब तक मुझे यह पता नहीं था कि मैं भी 1980 का चुनाव लड़ने वाला हूँ। मैंने बाबा से चुनाव का ज़िक्र तक नहीं किया। पदाधिकारियों ने जब बाबा को मेरा परिचय दिया तो उन्होंने मुझे मचान के पास बुला लिया।

बाबा को नमस्कार करके मैंने उत्सुकतापूर्वक पूछ डाला, "सन्तों को शास्त्रों ने जंगम (चलते-फिरते) तीर्थ की संज्ञा दे रखी है, आप एक ही स्थान पर सीमित क्यों हो गये हैं? आप यदि विचरण करते तो क्या और अधिक लोग आपके दर्शन से

लाभान्वित नहीं होते?" मुस्कुराते हुए वे भोजपुरी में बोले, "बचवा ! हम जवानी में बहुते घूमले बानी अब एक ही जगह पर डेरा डाल ले ले बानी।" देखते-ही-देखते उन्होंने मुझे गुरुवाणी की कुछ पंक्तियाँ भी सुना डालीं। लगभग आधे घण्टे तक मेरी उनसे अध्यात्म पर चर्चा होती रही। उसके पश्चात मैं भीड़ में आये लोगों को अपनी निजी समस्याओं के समाधान या मनोकामनाओं को पूरा करने का आशीर्वाद माँगते देखता रहा।

क्या वाकई किसी मनुष्य में दूसरों की मुसीबतों को दूर करने या मनोकामना पूरी करने की शक्ति होती है? यह सोचने वाले की अपनी निजी ज़िन्दगी से जुड़े अनुभव पर उतना ही निर्भर करता है जितना उसकी ऐसी शक्तियों में आस्था पर। कहा जाता है—"इफ़ यू डोंट बिलीव इन मैजिक, नो मैजिक फोर यू" (अगर आपको चमत्कारों पर विश्वास नहीं तो आपके साथ चमत्कार होंगे भी नहीं)। चाहे कोई बाबा राजसी ठाठ से रहता हो या लँगोटीधारी हो, चाहे उसमें शक्तियाँ जन्म से हों या कर्म से, विश्वास और अन्धविश्वास के बीच एक सूक्ष्म रेखा होती है। एक परेशान व्यक्ति को तिनके का सहारा भी काफ़ी होता है और अगर यह सहारा किसी पीर, फ़क़ीर या बाबा से मिल जाये तो वह विश्वास ही दवाई का काम करता है। अगर यह विश्वास अन्धविश्वास में बदल जाये तो इसका अंजाम घातक भी हो सकता है।

इसका साक्षात् प्रमाण 2021 में मिला। एक दिन मुझे इलाहाबाद से एक वकील साहब का फ़ोन आया। वे बेहद घबराये हुए थे। धीमी आवाज़ में उन्होंने कहा, "बड़ी मुश्किल से आपका नम्बर मिला है। मैं आपसे अपनी एक निजी समस्या साँझा करना चाहता हूँ।"

उन्होंने आगे जो बताया, उसे सुनकर मैं अवाक् रह गया।

"मेरी पत्नी भी वकील है। उसकी निर्मल बाबा में गहरी श्रद्धा है। पिछले कुछ महीनों से वह काफ़ी डरी हुई है। बस एक ही बात दोहराती रहती है कि सपने में उसे निर्मल बाबा के दर्शन होते हैं और वह उसे दसवंद (आय का दसवाँ हिस्सा) देने के लिए कहते हैं।"

मैंने उन्हें कहा, "यह महज़ अन्धविश्वास है।"

मैंने उनकी पत्नी से बात भी की लेकिन उसका डर दूर नहीं कर पाया। आख़िरकार मैंने अपनी पत्नी से कहा कि वह ही अपने भाई को उस महिला से बात करने का आग्रह करे। मलविन्दर ने निर्मल को जब पूरी बात बताई तो उसने दो टूक जवाब दिया, "इसमें मैं क्या कर सकता हूँ?"

इस घटना ने यह साबित कर दिया कि करामात किस तरह कहर बरपा

सकती है।

सम्भव है इसी कारण से गुरु नानक ने करामात की तुलना कहर से की है। इस सृष्टि को चलाने वाले को उन्होंने 'वाहे गुरु' का नाम दिया है—एक ऐसी शक्ति जिसकी करामात देखकर हम 'वाह-वाह' ही करते रह जायें। सूरज के उगने और ढलने को, चाँद के घटने और बढ़ने और उससे समुद्र में उठने वाली लहरें सभी कुदरत के करिश्मे हैं। इन्सान का जीवन और शरीर भी प्रकृति की ही देन है तो फिर इन्सान इस निराकार शक्ति से ज़्यादा बलवान होने का दावा कैसे कर सकता है?

गुरुनानक के विचारों का अनुसरण अन्य सिख गुरुओं ने भी किया। पाँचवें गुरु अर्जुन देव, जिन्होंने गुरुग्रन्थ साहिब की रचना की है, को जब मुग़ल सम्राट जहाँगीर ने असहनीय यातनाएँ दीं तो उन्होंने इसे भी ईश्वर की आज्ञा ही माना, "मीत करे सोई हम माना, मीत के करतब कुशल समाना" (ऊपर वाला मेरा मित्र है इसलिए वह जो भी करता है मुझे स्वीकार है)।

नौवें गुरु तेग बहादुर को औरंगज़ेब ने जब कोई करामात दिखाने की चुनौती दी तो उन्होंने साफ़ इनकार कर दिया। अपने पिता की शहादत की पूरी दास्तान उनके पुत्र और दसवें सिख गुरु, गोविन्द सिंह, जो एक योद्धा ही नहीं महान कवि भी थे, ने 'विचित्र नाटक' में बड़ी शिद्दत के साथ लिखी है :

धर्म हेतु साका जिन कीया।
सीस दिया पर सिरड़ न दिया।।
नाटक चेटक किये कुकाजा।
प्रभु लोगन कह आवत लाजा।।
ठीकर फोड़ दिल्लीश सर सुरपुर कियो पयान।
तेग बहादुर-सी क्रिया करी न किनहु आन।।

(गुरु तेग बहादुर ने औरंगज़ेब को दो टूक जवाब दिया—चमत्कार दिखाना कुकर्म है जिसका प्रदर्शन प्रभु के भक्तों को करने में शर्म आती है।)

उन्होंने हिन्दू धर्म की रक्षा के लिए अपना शीश कटवा दिया लेकिन कोई करामात नहीं दिखायी। वे अपने शरीर-रूपी घड़े को दिल्ली के बादशाह के सिर पर फोड़ कर देवलोक की ओर प्रस्थान कर गये। तेग बहादुर जैसा साहसी काम शायद ही किसी और ने किया हो।

विज्ञान भले ही चौंकाने वाली तरक़्क़ी कर ले, वह प्रकृति को मात नहीं दे सकता। प्रकृति भी वर्तमान में जीने की ही प्रेरणा देती है। अगर भविष्य में आने वाली

विपदा की जानकारी हमें पहले ही मिल जाये, तो न ही हम उसे टाल सकेंगे, और वर्तमान में हमारा जीना भी दुश्वार हो जायेगा। शायद यही कारण है कि मनुष्य अपने पूर्वजन्मों से उतना ही अनभिज्ञ है जितना भविष्य से। प्रकृति के इस नियम को किसी भी पीर या बाबा की अलौकिक शक्ति बदल नहीं सकती। ख़ुद पर विश्वास करके मनुष्य सेहत, धन और ख़ुशहाली सभी कुछ हासिल कर सकता है। अपनी इच्छाओं को पूरा करने के लिए या विपदाओं को दूर करने के लिए उसे किसी करामाती बाबा की ज़रूरत नहीं। करामातों के पीछे भागने वाले आत्मविश्वास खो बैठते हैं। इतिहास गवाह है कि करामात की तिजारत करने वाले बाबाओं पर भी कहर बरपा है।

चक्रव्यूह का आख़िरी द्वार

अपने राजनीतिक सफर की तुलना मैं महाभारत के अभिमन्यु से करना चाहता हूँ। फर्क सिर्फ इतना है कि अभिमन्यु सुभद्रा की कोख से पैदा हुआ और मैं द्रौपदी की। द्रौपदी को वह माँ ही मानता था और द्रौपदी भी उसे पुत्रवत् प्यार करती थी। मैंने भी अभिमन्यु की ही तरह बिहार और झारखण्ड में धर्म और जात-पात के चक्रव्यूह को तोड़कर सात चुनाव जीते। कई उच्च पदों पर बैठने का सौभाग्य भी प्राप्त हुआ लेकिन अभिमन्यु की ही तरह चक्रव्यूह के अन्तिम द्वार पर पहुँचकर मैं घिर भी गया।

2014 में मेरा संसदीय कार्यकाल जब ख़त्म होने की कगार पर पहुँचा तो मेरे मन में एक गहन अन्तर्द्वन्द्व पैदा हो गया—अगला चुनाव लड़ूँ या नहीं। तब मैं अपने स्कूली रिकॉर्ड के अनुसार 72 साल का था जबकि मेरी असली उम्र 74 की होने वाली थी। लगभग दो दशक पहले राँची से प्रकाशित एक अख़बार ने राज्य के कई प्रमुख नेताओं से लेख के माध्यम से जानना चाहा था कि राजनीतिज्ञों को किस उम्र में चुनावी राजनीति से संन्यास ले लेना चाहिए। मैंने अपने लेख में सुझाव दिया था कि 75 वर्ष की आयु के बाद नेताओं को बिना किसी हिचकिचाहट के सामाजिक कार्यों में जुट जाना चाहिए ताकि जिस जनता ने उनको इतना मान-सम्मान दिया, वह उनका मार्गदर्शन कर सकें। अमेरिका जैसे उन्नत मुल्क में राष्ट्रपति लगातार दो कार्यकालों से ज़्यादा नहीं रह सकता चाहे उसकी उम्र कितनी कम ही क्यों न हो।

वर्तमान प्रधानमन्त्री नरेन्द्र मोदी ने 75 साल की आयु वाले भाजपा नेताओं को उनके न चाहने के बावजूद भी रिटायर करवा दिया है। उनके एकतरफ़ा निर्णय से भाजपा के कई पुराने नेता नाराज़ भी हुए लेकिन प्रधानमन्त्री टस से मस नहीं हुए। देखना है कि 75 की आयु पूरी होने पर मोदी ख़ुद पर इस क़ानून को लागू करते हैं या नहीं?

मेरे सामने दो विकल्प थे। अपनी असली उम्र के मुताबिक़ एक साल पहले ही चुनावी राजनीति से संन्यास ले लेना या स्कूली रिकॉर्ड में दर्ज उम्र के अनुसार

अन्तिम पारी खेलने की इच्छा पूरी कर लेना। निर्दलीय सांसद रहने के दौरान महसूस की गयी घुटन के कारण मैं किसी दल के प्रतिनिधि के रूप में ही संसद में दोबारा जाना चाहता था। मेरी भाजपा सहित कुछ दलों से बात भी चली पर जब नामांकन की तिथि क़रीब आ गयी तो मैंने महसूस किया कि देश के हालात बदल चुके थे और धन, बाहुबल, धर्म और जात-पात का चुनावी चक्रव्यूह और भी ज़्यादा जटिल हो चुका था। इमरजेंसी और 1984 के घाव ने कभी मुझे कांग्रेस की ओर जाने नहीं दिया और अन्य दलों को मेरा बागी इतिहास हलक से नहीं उतरता। जिन दलों की संकीर्णता की घुटन से आज़ाद होने के लिए मैं निर्दलीय बना था, मेरे अन्तर्मन की आवाज़ ने उनके सामने झुकने की गवाही नहीं दी। अल्लामा इक़बाल के मशहूर अल्फाज़ ने संन्यास लेना कुछ और आसान कर दिया :

सितारों से आगे जहाँ और भी हैं
अभी इश्क़ के इम्तहाँ और भी हैं
तू शाहीं है, परवाज़ है काम तेरा
तेरे सामने आसमाँ और भी हैं

इस कशमकश में मेरी क़लम से भी कुछ पंक्तियाँ फूट पड़ीं। राजनीति को हरजाई करार देते हुए मैंने लिखा :

राजनीति से इश्क लड़ाना मुश्किल होता है
हरजाई है साथ निभाना मुश्किल होता है
इस पारो के देवदास गर्दिश में रहते हैं
उनका हाले दिल बतलाना मुश्किल होता है
कलयुगी दुःशासन की ये बन जाती है पांचाली
आंचल में इसके सिर छुपाना मुश्किल होता है
राजनीति कुछ ऐसी पीड़ा दे जाती मन को
बेदर्दी को दिल से भुलाना मुश्किल होता है
कितने दिल बर्बाद हुए हैं इसकी चाहत में
दिल का ज़ख़्म दिखा पाना भी मुश्किल होता है

मैंने चुनावी राजनीति से संन्यास तो ले लिया लेकिन एक दुविधा अभी भी बाक़ी थी। राजनीति से नाता तोड़ा जा सकता है, मतदाताओं से नहीं। अगर मैं डालटनगंज में ही रहता तो मुझे एक आम आदमी रहते हुए भी जनता की अपेक्षाओं का सामना करना पड़ता। मेरे एक घनिष्ठ मित्र पी. गोपालाचारी जो बी.आई.टी. सिन्दरी में मेरे

बैच के टॉपर थे जब राँची आई.जी. के पद से रिटायर हुए तो बेंगलुरु में जा बसे। अपने पुश्तैनी मकान बेचने जब वे राँची आये तो मुझसे भी मिले। मैंने जब उनसे राँची छोड़ने का कारण पूछा तो उन्होंने बताया, "आप किसी बड़े पद से रिटायर होकर, सहज भाव से उसी शहर में नहीं रह सकते। वहाँ के लोग आपको हसरत की निगाह से ही देखेंगे। बेंगलुरु में तो मैं रिक्शे पर भी सब्ज़ी ख़रीदने निकल जाता हूँ। राँची में यह कहाँ सम्भव है।"

मैं गोपालाचारी के विचारों से सहमत नहीं हो सका क्योंकि 2007 में जब मेरी प्रतिष्ठा दाँव पर लगी थी तो डालटनगंज की जनता ने मुझे निर्दलीय होने के बावजूद जिताया था। जनता का मैं इतना कृतज्ञ हो गया कि मैंने अपने जीवन का शेष बचा एक-एक दिन झारखण्ड को समर्पित करने की शपथ ले ली।

इमरजेंसी के दिन मैंने जेल में गीता के गहन अध्ययन में गुज़ारे थे। गीता में भगवान कृष्ण अर्जुन को कर्मयोग का पाठ पढ़ाते हुए कहते हैं :

कर्मण्येवाधिकारस्ते मा फलेषु कदाचन।
मा कर्मफलहेतुर्भूर्मा ते सङ्गोऽस्त्वकर्मणि।

(कर्म करना ही तुम्हारा कर्तव्य है, फल की चिन्ता मत करो।)

गाँधी जी ने भी विनोबा भावे को साधुओं की तरह संन्यास लेने के बजाय जनहित में जुट जाने की ही सलाह दी थी।

मेरे राजनीतिक सफ़र का आगाज़ शिक्षा से हुआ था और मैं चाहता था कि मेरा आख़िरी मुकाम भी शिक्षा ही बने। 2004 तक हमारा परिवार दो कॉलेज— मेरे पिताजी के नाम पर बना डालटनगंज का महिला कॉलेज और नामधारी सद्गुरु जगजीत सिंह के नाम पर खुला गढ़वा का डिग्री कॉलेज, सरकार को सौंप चुका था। मेरे बड़े भाई बलवन्त सिंह के नाम पर बना सतबरवा का इंटर कॉलेज भी झारखण्ड सरकार से स्थायी मान्यता प्राप्त कर चुका था। हमारे परिवार द्वारा डालटनगंज के निकटवर्ती गाँव जमुने में एक अस्पताल भी खोला गया था। शहर से दूर होने के कारण कोई नामी डॉक्टर वहाँ समय देने को राजी नहीं होता। अस्पताल की वीरान पड़ी इमारत और ज़मीन को देखकर मुझे अक्सर अपनी रूढ़िवादिता पर आत्मग्लानि होती।

सोचा तो यह था कि अपनी सबसे बड़ी बेटी सुदर्शन, जो पढ़ाई में काफ़ी लायक थी, को डॉक्टर बनाऊँगा। वैसे भी घर का कोई सदस्य डॉक्टर हो तो ही अस्पताल चलाया जा सकता है। एक पुरुष-सत्ता समाज में पाँच बेटियों का पिता

होने के अहसास ने मेरे इरादों को कमज़ोर कर दिया और उसका खमियाज़ा सुदर्शन को भुगतना पड़ा। 18 वर्ष की छोटी उम्र में ही उसकी मँगनी कर दी गयी और उसे मेडिकल की तैयारी छोड़नी पड़ी। आज वह एक कुशल गृहिणी होने के साथ-साथ शेयर बाजार और किसानी में रूचि रखती है। मेरी दूसरी बेटी अमृत के साथ भी ऐसा ही कुछ हुआ। उसमें एक आई.ए.एस. ऑफ़िसर बनने के सारे गुण थे लेकिन कॉलेज की पढ़ाई ख़त्म करने के बाद मैंने उसकी मँगनी यह सोचकर तय कर दी कि अगर वह अफ़सर बन गयी तो एक सीधा-सादा परिवार ही उसे नौकरी करने देगा। वह अफ़सर तो नहीं बन पायी और उसकी शादी भी ऐसे परिवार में हुई जहाँ बहुओं को नौकरी करने की आज़ादी नहीं थी। आज वह एक लेखिका और प्रभावी वक्ता है।

मेरा बेटा दिलीप क्रिकेट खेलने में माहिर था और उसकी क़दकाठी भी ऐसी थी कि आर्मी का बड़ा अफ़सर बन सकता था। यह भी न हो सका। 2009 में मेरे सांसद बन जाने से डालटनगंज की विधानसभा सीट ख़ाली हो गयी। विभिन्न पदों की व्यस्तता के कारण जब मैं क्षेत्र से बाहर होता तो दिलीप ही यहाँ की जनता के सुख-दुःख में शामिल होता लेकिन मेरे किसी सरकारी पद के काम-काज में उसने कभी दख़लअन्दाज़ी नहीं की, न ही उस पर कोई आरोप ही लगा। राजनीति में मैं वंशवाद से नहीं आया था और न ही अपने बेटे को उस मार्ग पर चलवाना चाहता था। उसमें एक क़ाबिल नेता के सभी गुण हैं तो उसे महज़ वंशवाद के कारण मौक़ा न मिले वह भी सही नहीं होता। एक युवा नेता की हैसियत से भाजपा से जुड़ा होने के कारण 2009 के झारखण्ड चुनाव में भाजपा ने उसे डालटनगंज से अपना प्रत्याशी घोषित कर दिया। चुनाव में जीत कांग्रेस गठबन्धन की हुई पर दिलीप हताश नहीं हुआ। 2014 के झारखण्ड चुनाव से पहले भाजपा पूर्ण बहुमत से दिल्ली पर कब्ज़ा कर चुकी थी। दिलीप धर्म और जात-पात के चुनावी दंगल में निर्दलीय ही कूद पड़ा लेकिन उसे तोड़ने में वह सफल नहीं हो पाया। हताश न होते हुए, वह अभी भी डालटनगंज को ही अपनी कर्मभूमि बना चुका है।

मेरी तीसरी बेटी परमिन्दर कॉलेज लेक्चरार की नौकरी छोड़ राजनीति में कूद चुकी है। चौथी बेटी सिमरित यूनिसेफ जैसी संस्थाओं में योगदान दे रही है। मेरी सबसे छोटी बेटी सुखदीप एक पत्रकार है और इस जीवनी को लिखने में उसने मेरी मदद की है।

मैंने तो अपने बच्चों को दसवीं के बाद उच्च शिक्षा के लिए दिल्ली और चण्डीगढ़ भेज दिया था लेकिन मेरी यह मनोकामना थी कि डालटनगंज में ही इंटर

तक का स्कूल, छात्रावास के साथ खुले जहाँ बच्चों को प्रकृति की गोद में पढ़ाया जा सके। नदी के किनारे, पेड़-पौधों की आगोश में जमुने गाँव में वीरान पड़ी अस्पताल की इमारत और ज़मीन को मैं एक ऐसे ही स्कूल में तब्दील करना चाहता था। जहाँ चाह, वहाँ राह। पंजाब से इतनी दूर एक सिख का झारखण्ड की विधानसभा का स्पीकर बनना सारे समुदाय के लिए गर्व की बात थी। बोकारो, जिसे स्टील सिटी भी कहा जाता है, में सिख समाज बड़ी संख्या में बसा हुआ है। झारखण्ड बनने के एक वर्ष बाद ही बोकारो स्थित गुरु गोविन्द सिंह एजुकेशनल सोसाइटी का मुझे अध्यक्ष मनोनीत कर लिया गया। यह संस्था बोकारो, चास, धनबाद और चण्डीगढ़ में गुरु गोविन्द सिंह पब्लिक स्कूल चलाती है। धनबाद एवं चास की शाखाएँ मेरे अध्यक्ष-काल में ही खोली गयी हैं। सोसाइटी के वर्तमान चेयरमैन सरदार तरसेम सिंह पंजाब में भी स्कूलों का विस्तार कर रहे हैं तथा एक स्कूल तो होशियारपुर में खोल भी दिया गया है। जमुने गाँव में ख़ाली पड़ी अस्पताल की इमारत और ज़मीन को जब मैंने स्कूल में तब्दील करने की राय दी, तो सोसाइटी ने उसे सहर्ष स्वीकार कर लिया। 2004 में मेरी माँ द्रौपदी देवी के नाम के साथ गुरु गोविन्द सिंह पब्लिक स्कूल की स्थापना हो गयी। इसे विडम्बना ही कहेंगे कि मेरे माता-पिता ख़ास पढ़े-लिखे नहीं थे लेकिन दोनों के नाम पर आज एक कॉलेज और स्कूल चल रहे हैं। जमुने जैसे छोटे-से गाँव में स्थित इस स्कूल को सी.बी.एस.ई. ने बारहवीं तक की मान्यता दे दी है।

2014 में राजनीति से संन्यास लेने के बाद मैंने अपने स्कूल के बच्चों का मेंटर (मार्गदर्शक) बनने का मन बना लिया। यह रास्ता भी आसान नहीं था। मैंने कभी भी किसी काम को छोटा नहीं समझा। शायद इसी कारण मुझे अपनी व्यस्त दिनचर्या को एक स्कूल तक सीमित करना तो मुश्किल नहीं लगा लेकिन दूसरी कई चुनौतियाँ सामने आ गयीं। लम्बे समय तक जनता का प्रतिनिधि रहने के कारण मेरे पास रोज ऐसे अभिभावक आने लगे जो अपने बच्चों को अच्छी शिक्षा देना चाहते थे लेकिन आर्थिक रूप से असमर्थ थे। मैंने ग़रीब और असहाय बच्चों को न्यूनतम फ़ीस पर पढ़ाने का प्रयोग शुरू किया। समाज के वंचित और दलित वर्ग के बच्चों को सक्षम वर्ग के साथ छात्रावास, किताबें, भोजन एवं यूनिफॉर्म सभी सुविधाएँ दीं लेकिन सामाजिक मानसिकता को बदलना किसी एक इन्सान के वश की बात नहीं। बच्चे भी अपने परिवार का आईना होते हैं और स्कूल में अक्सर वही भेदभाव देखने को मिलते हैं जो समाज में पनप रहे हैं। आर्थिक एवं जातीय असमानताएँ तो दूर, एक ही घर में पलने वाली लड़कियों को भी अच्छी शिक्षा से वंचित रखा जाता है जो प्राचीन भारत की संस्कृति से जुड़ी हुई कतई नहीं है। मेरे पास कई ऐसे अभिभावक भी आते

जो लड़कों को प्राइवेट स्कूलों में पढ़ाना चाहते हैं लेकिन लड़कियों को पराया धन मानकर उनकी शिक्षा का ख़र्च उठाने को राजी नहीं होते। यह भेदभाव प्राचीन भारत की संस्कृति कतई नहीं थी। प्राचीन भारत में तो नारी शिक्षा को इतना महत्त्व दिया जाता था कि मृदालसा, जाबालि, मैत्रेयी एवं गार्गी जैसी विदुषियों की वाणी भी हमारे धर्मग्रथों में शामिल हैं। पता नहीं कालान्तर में नारी को हेय दृष्टि से क्यों देखा जाने लगा और सती एवं दहेज जैसी कुरीतियाँ समाज में कैसे पनपने लगीं? 15वीं शताब्दी में गुरु नानक ने नारियों की दुर्दशा देखकर, भारी मन से लिखा था :

'भंड जमियें, भंड निमियें, भंड मगन विवाहो
भंडों होवे दोस्ती भंडों चले राह
भंड मूआ भंड भालिये, भंड होवे बंधान
सो क्यूँ मंदा आखिए, जित जम्मे राजान।
भंडों ही भंड उपजै, भंडे बाज न कोय
नानक भंडे बाहरा, एको सच्चा सोए।
जित मुख सदा सलाहिए, भागा रत्ती चार।
नानक ते मुख उजलै, तित सच्चे दरबार।

इस गुरुवाणी में भंड शब्द का इस्तेमाल नारी के लिए किया गया है जो पंजाबी में बर्तन या पात्र के लिए प्रयोग होता है। नारी को सन्तान पैदा करने का उचित पात्र माना जाता है। उपर्युक्त सबद का हिन्दी रूपान्तरण होगा :

(नारी की कोख से ही पुरुष का जन्म होता है और उसका विवाह भी नारी से ही होता है। मित्रता भी नारी से ही होती है और पत्नी के मरने के बाद पुनर्विवाह के लिए दोबारा लड़की की तलाश होती है। राजाओं को जन्म देने वाली नारी को फिर बुरा कैसे कहा जा सकता है? नारी ही बेटी को भी जन्म देती है और एक ईश्वर ही है जो उसकी कोख से पैदा नहीं होता। जो नारी को भाग्यशाली और सुन्दर कहकर उसकी सराहना करते हैं, नानक कहते हैं कि ईश्वर के दरबार में ऐसे लोगों का ही चेहरा उज्ज्वल होगा औरों का नहीं।)

इससे बड़ी विडम्बना क्या होगी कि नानक की उसी पावन धरती पंजाब में लड़कियों की भ्रूण हत्या बेरहमी से कर दी जाती है।

लड़कियों को शिक्षित करना लड़कों को शिक्षित करने से कहीं ज़्यादा ज़रूरी है क्योंकि एक लड़का पढ़ता है तो एक व्यक्ति पढ़ता है जबकि एक लड़की पढ़ती है तो पूरा परिवार शिक्षित होता है। लड़कियों को 'पराया-धन'

मानने वालों को भी यह समझना ज़रूरी है विवाह के बाद लड़की को अपना घर छोड़कर नया संसार बसाना पड़ता है, इसलिए यह और भी ज़रूरी हो जाता है कि उन्हें ऊँची शिक्षा दी जाये। न जाने शादी के बाद उन्हें किन दिक़्क़तों का सामना करना पड़े। तब शिक्षा ही उन्हें अपने पैरों पर खड़े होने की हिम्मत देगी।

अपनी पाँचों बेटियों को ऊँची शिक्षा देकर मैंने एक मिसाल बनायी। आज नामधारी समाज भी अपनी बेटियों को न सिर्फ़ पढ़ा रहा है, वे ऊँचे पदों पर भी पहुँच रही हैं। यह बात दीगर है कि लड़कियों को पढ़ाने का सारा श्रेय मेरी पत्नी को जाता है क्योंकि मेरा अधिकांश समय राजनीति में ही गुज़रा। एक लड़की को शिक्षित करने की ज़िम्मेवारी उतनी ही माता की होती है जितनी पिता की। कहते हुए अफ़सोस होता है कि लड़कियों को न पढ़ाने की धारणा को बढ़ावा देने के लिए औरतें ख़ुद ही ज़िम्मेवार हैं।

लड़कियों के लिए एक अलग छात्रावास बनाकर मेरी यह कोशिश है कि सुदूर गाँव की लड़कियाँ भी 12वीं तक की पढ़ाई बिना किसी बाधा के पूरी कर सकें। छात्रावास का शुल्क न के बराबर ही रखा गया है ताकि ग़रीब घर की बेटियाँ भी ऊँचे ख़्वाब देख सकें।

शिक्षा के महत्त्व को नज़दीक से देखने और परखने के बाद मेरी यह धारणा बन गयी है कि देश से ग़रीबी को हटाने के लिए और समाज में समानता लाने के लिए शिक्षा से बेहतर और कोई हथियार नहीं। शिक्षा से एक परिवार का ही नहीं, पूरे समाज का उत्थान होता है। 2012 में शिक्षा को मौलिक अधिकार की मान्यता तो मिल गयी लेकिन अपेक्षित परिणाम सामने नहीं आये। होना तो यह चाहिए था कि एक आम आदमी भी अपने बच्चों को पड़ोस के अच्छे स्कूल में भेज पाता ताकि बच्चे का समय भी कम लगे और उसे थकान भी ज़्यादा न हो। एक दशक बीत जाने के बाद भी न प्राइवेट स्कूलों ने पैसा कमाने का अपना रवैया बदला है और न ही सरकारी स्कूलों में शिक्षा के स्तर में ज़्यादा सुधार हो पाया है।

अमेरिका एवं इंग्लैंड का दौरा करने के दौरान वहाँ के सरकारी एवं प्राइवेट स्कूलों के बीच शिक्षा के स्तर को देखने का भी मुझे अनुभव प्राप्त हुआ। दोनों में सुविधाओं में तो काफ़ी फ़र्क़ था लेकिन शिक्षा के स्तर में नहीं। वहाँ का धनी वर्ग भी ज़्यादा सुविधा और रुतबे के लिए अपने बच्चों को प्राइवेट स्कूल में दाख़िल करवाता है. लेकिन आम आदमी भी सरकारी स्कूलों में अपने बच्चे को बेहतरीन शिक्षा दिलवाने में सफल हो जाता है।

शिक्षा एक नैतिक अधिकार ही नहीं, नैतिक ज़िम्मेवारी भी है। अब आलम यह है कि इसे नैतिक ज़िम्मेवारी समझना तो दूर, कॉरपोरेट घरानों ने इसे नया बिज़नेस मॉडल बना दिया है। भव्य एवं वातानुकूलित इमारतें बनाकर अभिभावकों से मोटी फ़ीस वसूली जा रही है और बच्चों के नामांकन में भी पैसा और पैरवी ही काम आते हैं। दिल्ली में अरविन्द केजरीवाल सरकार ने नर्सरी क्लास के नामांकन में होने वाली धाँधली को उजागर करने के लिए जाँच बैठा दी तो पता चला कि कई धनकुबेर लोग अनुसूचित जाति, जनजाति एवं आर्थिक रूप से कमज़ोर वर्ग के लिए आरक्षित सीटों को भी जाली दस्तावेज़ों से हड़प लेते हैं। अब तो यह आलम है कि नामचीन डॉक्टर और मशहूर स्कूलों की दास्तां एक ही जैसी हो गयी है। जैसे नामी डॉक्टर की फ़ीस बढ़ती जाती है लेकिन उनसे मिलना उतना ही दुश्वार हो जाता है, कुछ उसी तरह नामी स्कूल भी शुल्क तो बढ़ा देते हैं लेकिन आम लोगों का प्राचार्य के दरवाज़े तक पहुँच पाना भी असम्भव हो जाता है। ऐसी परेशानियाँ हमारे स्कूल में न आयें इसके लिए मुझे भागीरथ प्रयास करने पड़े हैं। जो भी अभिभावक मुझे मिलकर अपनी समस्या बताना चाहता है उसे मैं समय ज़रूर देता हूँ।

विकसित देशों की तरह ज़रूरत है कि लिटरेसी और एजुकेशन के फ़र्क़ को समझा जाये। लिटरेसी महज़ पढ़ना-लिखना सिखाती है और एजुकेशन एक बच्चे में उत्सुकता, रचनात्मकता और चरित्र का निर्माण करती है। हमारे स्कूल में सुबह की एसेंबली की शुरुआत किसी-न-किसी महापुरुष के विचारों की व्याख्या से होती है ताकि बच्चों में नैतिकता पैदा हो सके और उनका सही मार्गदर्शन किया जा सके। शिक्षा का सबसे बड़ा लक्ष्य होता है एक बच्चे में ख़्वाब देखने की इच्छाशक्ति पैदा करना।

मैंने भी एक असम्भव सपना देखा था जो पूरा भी हुआ। शिक्षा को अपना मिशन बनाने के पीछे मेरा एक ही मक़सद है—बच्चों को सपने देखने की प्रेरणा देना। वही मंज़िल तक पहुँचते हैं जिनके इरादे बुलन्द होते हैं।

जीवन के तीन पहिये

बचपन में गहरे विषैले कुएँ से सही सलामत बच निकलने के बाद मैं इन्सान को भाग्य की कठपुतली समझने लगा। पाकिस्तान के एक छोटे से गाँव नौशेरा से डालटनगंज तक के सफ़र को भी मैं प्रारब्ध का खेल ही मानता हूँ। चार दशक की लम्बी चुनावी पारी खेलने के बाद मेरे मन को एक यक्ष प्रश्न अभी भी कचोटता है कि क्या भाग्य हमसे प्रयास करवाता है या प्रयास ही हमारे भाग्य को बनाते हैं?

प्रारब्ध बनाम प्रयास (डेस्टिनी वरसेज फ्री विल) मनुष्य के जीवन की सबसे बड़ी पहेली है। मेरे मन में भी इसे लेकर काफ़ी लम्बा अन्तर्द्वन्द्व चला। मेरे जीवन में कई ऐसे पड़ाव आये जब मुझे यक़ीन हो गया कि 'होता वही है जो मंजूरे ख़ुदा होता है'। फिर कुछ ऐसी घटनाएँ भी घटीं जिन्होंने मुझे अपनी निजी फिलॉसफी को बदलने पर मजबूर कर दिया। जीवन का हर महत्त्वपूर्ण पड़ाव मैंने गहरे अन्तर्द्वन्द्व से गुज़रने के बाद ही पूरा किया। पहला अन्तर्द्वन्द्व दसवीं पास करते ही आ खड़ा हुआ—राँची के सेंट जेवियर कॉलेज में पढ़ता रहूँ या फिर डालटनगंज लौट जाऊँ। अगर जेवियर न छोड़ता तो शायद अंग्रेज़ी कुछ और दुरुस्त हो जाती लेकिन डालटनगंज जैसे छोटे-से शहर के नये कॉलेज में पढ़ना भी फिज़ूल नहीं रहा। मैंने और मेरे अज़ीज़ मित्र अरविन्द प्रसाद ने अच्छे अंक लाकर नये-नये कॉलेज की शान ही बढ़ाई। ऐसी घटनाओं को भी मैंने भाग्य ही समझा। दूसरा अन्तर्द्वन्द्व बारहवीं पास करने के बाद पैदा हो गया—साहित्य की तरफ़ जाऊँ या विज्ञान की ओर। अगर साहित्य में जाता तो कवि या शिक्षक बन जाता लेकिन मेरा इंजीनियरिंग में जाना भी शायद डेस्टिनी ही थी जिसने मलविन्दर को मेरा हमसफ़र बनाया। इंजीनियरिंग करने के बाद मैं पुन: अन्तर्द्वन्द्व से घिर गया—नौकरी करूँ या व्यवसाय। व्यवसाय शुरू करते ही राजनीति दरवाज़े पर दस्तक देने लगी। क़दम राजनीति की तरफ़ मुड़े, तो मेरे गुरुजी ने पिताजी से मुझे धर्म-प्रचारक बनाने के लिए माँग लिया। जीत राजनीति

की हुई। मेरा सियासी सफ़र भी अन्तर्द्वन्द्वों से भरा रहा। जब भी ख़ुद को स्वाभिमान और निजी महत्त्वाकांक्षा की रस्सा-कशी में फँसा पाया, मैंने स्वाभिमान को ही चुना।

महान कवि रहीम की लेखनी ने मेरे जीवन पर गहरा असर छोड़ा है। मुस्लिम होते हुए भी उन्हें हिन्दू पौराणिक कथाओं की भरपूर जानकारी थी। स्वाभिमान को जगाये रखने की हिदायत देते हुए रहीम जी कहते हैं :

रहिमन मोहि न सुहाय, अमिय पियावै मान बिनु।
बरू विष देहु पिलाए, मान सहित मरनो भलो।
मान सहित विष खायके शम्भु भये जगदीस।
बिना मान अमृत पियो, राहु कटायो सीस।

(भगवान शिव ने सम्मान के साथ ज़हर पिया तो जगत के ईश्वर बन गये और राहु बिना सम्मान के अमृत पीने के क्रम में अपना सिर कटवा बैठे।)

हरेक राजनीतिज्ञ के जीवन में कई ऐसे मोड़ आते हैं जब उसे राजधर्म और पार्टी या निजी महत्त्वाकांक्षा के अन्तर्द्वन्द्व से गुज़रना पड़ता है। केरल के कोचिन में शिव सेना के साथ गठबन्धन के फ़ैसले के दौरान वाजपेयी जी के आँसुओं में मैंने उनके अन्तर्द्वन्द्व का साक्षात् रूप देखा था। 1984 के संसदीय चुनावों में दो सीटों पर सिमट जाने के बाद भाजपा में जो अन्तर्द्वन्द्व चला उसको भी मैंने नज़दीक से देखा। पार्टी की कमान वाजपेयी के हाथों से खिसककर कट्टरपन्थी आडवाणी के पास चली गयी जिन्होंने राम मन्दिर के मुद्दे को अगले चुनावी घोषणा-पत्र में शामिल कर लिया। वाजपेयी जी तो चुप रहे लेकिन अपने मन में उत्पन्न हुए अन्तर्द्वन्द्व को मैंने पार्टी कार्यकारिणी की पालमपुर बैठक में ज़ाहिर कर दिया जिसका नतीजा मुझे भुगतना पड़ा। आडवाणी जब मण्डल के जवाब में कमण्डल लेकर निकल पड़े तो कुछ अन्तर्द्वन्द्व तो वाजपेयी जी के मन में तब भी पैदा हुआ होगा और शायद तब भी जब बाबरी मस्जिद को गिरा दिया गया और कई राज्यों में साम्प्रदायिक दंगे भड़क उठे। तब तक वाजपेयी जी ने शायद भाजपा के कट्टरपन्थी रुख से समझौता कर लिया था। वे यदि प्रतिक्रिया में आकर भाजपा से नाता तोड़ लेते तो उन्हें शायद तीन बार प्रधानमन्त्री बनने का अवसर नहीं मिलता।

मण्डल और कमण्डल का दौर मेरे लिए भी एक बड़ा अन्तर्द्वन्द्व लेकर आया। आडवाणी की रथयात्रा को रोकने के बाद लालू यादव की बिहार सरकार अल्पमत में आ गयी। मैं भाजपा के अन्य बागी विधायकों के साथ अलग दल बनाना चाहता था लेकिन अपने साथियों के रवैये के कारण न चाहते हुए भी मुझे जनता दल में

भारी मन से शामिल होना पड़ा। मण्डल और कमण्डल की मुहिम छेड़ते वक़्त कुछ अन्तर्द्वन्द्व तो वी.पी. सिंह और आडवाणी के मन में भी उठा होगा लेकिन दोनों ही नेताओं ने अपनी-अपनी पार्टी के निजी वोटबैंक को जनहित से ज़्यादा तवज्जो दी। अगर वे ऐसा नहीं करते तो 1977 में बनी जनता दल की सरकार का इतने कम समय में पतन नहीं होता।

लालू यादव ने आडवाणी की रथयात्रा को रोककर एक बड़ा चुनावी दाँव खेला उससे उनकी छवि एक धर्मनिरपेक्ष नेता की भी बन गयी। मण्डल कमीशन से उनको पिछड़ी जातियों के 'मसीहा' की भी उपाधि मिल गयी। 1995 के बिहार चुनाव में वह ज़ोरदार बहुमत से वापस आये। अगर वह चाहते तो बिहार में विकास का एक नया दौर शुरू कर सकते थे लेकिन उनका साम्राज्य 'जंगल राज' के रूप में जाना गया। लालू यादव के मन्त्रिमण्डल में महसूस हो रही घुटन से आज़ाद होने का अन्तर्द्वन्द्व भी मेरे अन्दर लगभग दो वर्षों तक चला। एक बार फिर मैंने परिस्थितियों से समझौता करने के बजाय त्याग-पत्र देना ही सही समझा। मुस्लिम-यादव तुष्टीकरण का दाँवपेंच राजनीतिक तौर पर तो लालू यादव के लिए फायदेमन्द रहा लेकिन विकास की जड़ें चरमरा गयीं। ग़रीबों को लुभाने के लिए उन्होंने 'चरवाहा विद्यालय' जैसी योजनाएँ भी शुरू कीं पर वह भी सिर्फ़ मज़ाक़ बनकर रह गयीं। लालू जी के एम.वाई. अर्थशास्त्र को आगे जाकर उन्हीं के कभी हमराह रहे नीतीश कुमार ने बाखूबी भँजाया। इस जातीय ध्रुवीकरण में भी उन्होंने 'अति पिछड़ी' जाति का नया दाँव चलते हुए सत्ता हथिया ली और उसे बरकरार रखने में भी सफल रहे। कई बार बिहार के मुख्यमन्त्री का सेहरा बाँध नीतीश कुमार ने बिहार की जर्जर स्थिति को कुछ सुधारा लेकिन वे भी कुर्सी बचाने की होड़ में राजनीतिक रंग बदलते रहे। कहने को तो बिहार झारखण्ड से आगे निकल गया है लेकिन उसकी गिनती अभी भी बीमारू राज्यों में ही की जाती है।

झारखण्ड बन जाने के बाद बाबूलाल मराण्डी को मुख्यमन्त्री के पद से हटाये जाने की साज़िश का मोहरा बनाये जाने का मुझे इल्म तो नहीं था लेकिन उस दौरान भी मैं गहरे अन्तर्द्वन्द्व से गुज़रा। जब यह स्पष्ट हो गया कि मराण्डी नये प्रदेश के सौहार्दपूर्ण वातावरण को स्थानीयता के मुद्दे से दूषित कर रहे हैं, तब मैंने बागी मन्त्रियों का साथ देना सही समझा। मराण्डी तो चले गये लेकिन झारखण्ड में अर्जुन मुण्डा, मधु कोड़ा और शिबू सोरेन के बीच म्यूज़िकल चेयर का ऐसा दौर चला कि झारखण्ड बिहार से भी पिछड़ गया। नरेन्द्र मोदी के 2014 में प्रधानमन्त्री बनने के छह महीनों में झारखण्ड में भी कमल खिल गया। केन्द्र और राज्य में भाजपा की

डबल इंजन की सरकार चाहती तो झारखण्ड का कायाकल्प कर सकती थी पर ऐसा हो नहीं सका। झारखण्ड को जन्म भी भाजपा ने दिया और उसकी बागडोर भी अधिकतर उसी के हाथों में रही लेकिन साम्प्रदायिकता और जातिवाद के चुनावी दंगल में झारखण्ड न तो अपनी ऐतिहासिक विरासत को सँभाल सका और न ही उज्ज्वल भविष्य के लक्ष्य को पा सका।

'अच्छे दिन आने वाले हैं' का नारा देने वाली भाजपा के सत्ता में आने से ग़रीबी और बेरोज़गारी तो बढ़ी ही, आलम यह है कि अब कोई पूँजीपति ही चुनाव लड़ने का ख़्वाब देख सकता है।

2019 में झारखण्ड की जनता ने एक युवा मुख्यमन्त्री हेमन्त सोरेन को चुना लेकिन उनके कार्यकाल में स्थानान्तरण एवं पदस्थापन में रिश्वतखोरी यथावत जारी है। मैं अक्सर अपने भाषणों में ज़िक्र किया करता हूँ कि झारखण्ड एक ऐसी बदनसीब नारी है जिसकी कोख में तो अमीरी है लेकिन गोद में ग़रीबी। अपने मंज़िलें मकसूद तक पहुँचने के लिए झारखण्ड को आज ज़रूरत है एक ऐसे शासक की जो जुमलेबाज़ी न करके पारदर्शी, स्वच्छ एवं भ्रष्टाचार से मुक्त सरकार चला सके।

2009 में सांसद बनने के बाद मैंने राजधर्म को निभाने का अन्तर्द्वन्द्व डॉ. मनमोहन सिंह में भी महसूस किया। उनकी दियानतदारी और ईमानदारी पर तो कोई उँगली नहीं उठा सका लेकिन उनकी गठबन्धन सरकार पर भी भ्रष्टाचार के कई संगीन आरोप लगे। मार्च 2011 में 'विकीलिक्स' ने यू.पी.ए. की पिछली सरकार के दौरान सांसदों की ख़रीद-फरोख़्त का खुलासा किया तो संसद में घमासान मच गया। मैं भी लोकसभा में मौजूद था जब प्रधानमन्त्री ने एक शेर सुनाकर विपक्ष की नेता सुषमा स्वराज को निहत्था करने की कोशिश की :

माना कि तेरी दीद के क़ाबिल नहीं हूँ मैं,
तू मेरा शौक़ तो देख, मेरा इन्तज़ार देख...

सुषमा स्वराज ने पलटवार करते हुए प्रधानमन्त्री की चुप्पी पर निशाना साधते हुए दो टूक शब्दों में पूछा :

तू इधर-उधर की न बात कर, ये बता कि काफ़िला क्यों लूटा,
मुझे रहज़नों से गिला नहीं, तेरी रहबरी का सवाल है...

चुप रहने के पीछे चाहे वाजपेयी जी की जो भी मजबूरी रही हो या फिर मनमोहन सिंह की, इतिहास गवाह रहेगा कि उनकी मजबूरियों की क़ीमत आज देश चुका रहा है। आडवाणी जी ने अगर मण्डल बनाम कमण्डल नहीं किया होता

या लालू प्रसाद यादव, मुलायम सिंह यादव और मायावती ने मुस्लिम और पिछड़ी जातियों के तुष्टिकरण की राजनीति न खेली होती तो भाजपा के योगी आदित्यनाथ भी 2022 के उत्तर प्रदेश चुनाव के दौरान खुलेआम अपने भाषणों में '80 प्रतिशत बनाम 20 प्रतिशत' का नारा देकर दोबारा सत्ता हासिल नहीं कर पाते। अपने सौहार्दपूर्ण वातावरण और उच्च शिक्षा का केन्द्र होने के कारण भारत का सिलिकॉन वैली माने जाने वाले कर्नाटक में भी चुनाव की सरगर्मी में धर्मनिरपेक्षता की धज्जियाँ उड़ाई गयीं। 2023 में भी रामनवमी के दौरान कई प्रदेशों में दंगे भड़के। इतिहास गवाह है कि रामनवमी पर सियासी शतरंज की शुरुआत हजारीबाग से ही हुई जब भाजपा ने कमंडल पकड़ लिया और लालू यादव ने मुस्लिम तुष्टिकरण का दाव खेल डाला। इसे विडम्बना ही कहेंगे कि 33 सालों बाद भी देश वहीं खड़ा है।

इस पृष्ठभूमि में मुझे यह सोचकर राहत मिलती है कि मैंने नफ़रत की राजनीति न करके सिर्फ़ अपनी अन्तरात्मा को ही जीवित नहीं रखा अपितु इस महान देश के लोकतंत्र को भी जीवन्त रखा है। लीक से हटकर चलने का खमियाज़ा मुझे भुगतना पड़ा। 2014 के संसदीय चुनाव में जब मैंने ख़ुद को अकेला खड़ा पाया तो यह सोचने पर विवश हो गया कि अपने पदों से इस्तीफ़ा देकर मैंने कहीं तुनकमिज़ाजी तो नहीं दिखायी? क्या परिस्थितियों से समझौता करके मैं बिहार और झारखण्ड की जनता के हित में और लम्बे समय तक काम नहीं कर सकता था? सहनशील बनकर अगर मैं वाजपेयी जी के पदचिह्नों पर चल पड़ता तो क्या राजनीति में उन्हीं की तरह लम्बी छलाँग नहीं लगा सकता था? एक सिख नेता के इस अन्तर्द्वन्द्व को भी महाभारत की सीख ने ही दूर किया। जो समझाती है :

"मुहुतं ज्वलितं श्रेयम् न च धूमयिताम् चिरम्।"

(थोड़ी देर जल कर रौशनी देना बेहतर है लम्बे समय तक सुलगते रहने से)

मैं भी अपने-आपको एक दीये के समान समझता हूँ जो भले ही कम समय तक जला लेकिन अन्धकार दूर करता रहा। प्रकृति ने मुझे कई बार जीवनदान ही नहीं दिया, बड़ी मुसीबतों से भी बचाया। अपनी ज़िन्दगी के खट्टे-मीठे अनुभवों से मैंने प्रारब्ध बनाम प्रयास की पहेली को ख़ुद ही सुलझा लिया है। अब मेरा यह मानना है कि हमारा जीवन तीन पहियों पर चलता है—प्रारब्ध, प्रयास और प्रार्थना। प्रारब्ध वह पूँजी है जो नवजात शिशु अपने पूर्वजन्मों के कर्मों से लेकर आता है। जन्म के समय बच्चों की मुट्ठी बन्द रहती है। कई विद्वानों की मान्यता है कि बन्द मुट्ठी यह सिद्ध करती है कि वह कुछ साथ लेकर ही आया है। मरते समय प्राणी के दोनों

हाथ खुले होते हैं जिसका अभिप्राय है कि वह दुनिया से ख़ाली हाथ होकर जा रहा है। अम्बानी या अडानी के परिवारों में जन्मा कोई बच्चा और एक भिखारी के घर में जन्मे बच्चे की प्रारब्ध अलग-अलग होगी। जैसे एक धनवान पिता द्वारा छोड़ी गयी सम्पत्ति उसके बच्चों के लिए पूँजी होती है वैसा ही कुछ हिसाब-किताब हमारे कर्मों का भी होता है लेकिन इस पूँजी को अपने प्रयास से घटाया या बढ़ाया जा सकता है। प्रारब्ध बनाम प्रयास पर दार्शनिक एवं आध्यात्मिक लोगों में अक्सर चर्चा होती रहती है। कहा जाता है कि :

जो सुपूत तो क्यों धन संचै?
जो कुपूत तो क्यों धन संचै?

यानी धन क्यों इकट्ठा कर रहे हो? अगर तुम्हारा पुत्र सुपुत्र होगा तो वह ख़ुद ही कमा लेगा और अगर कुपुत्र निकला तो तुमने जो कमाया वह भी गँवा बैठेगा।

एक धनवान के घर पैदा होना नियति का खेल होता है लेकिन उस धन को अगर उसके बच्चों ने अय्याशियों में लुटा दिया तो अपने कर्मों का अंजाम उन्हें भुगतना ही होगा।

जीवन का तीसरा पहिया है प्रार्थना, जिसकी तुलना मैं चेतना या नियत से करना चाहता हूँ। प्रार्थना का मतलब महज ईश्वर को याद करना नहीं लेकिन अपनी चेतना को जगाए रखना है। कहा जाता है 'नेकी कर कुएँ में डाल' यानी नेक काम से प्रतिफल की इच्छा नहीं रखनी चाहिए। अगर उस प्रयास के पीछे हमारी नीयत सही होगी तो नतीजा भी वैसा ही होगा। अगर फ़ितरत 'मुँह में राम, बगल में छुरी' की हो तो राम नाम लेना भी मात्र फ़रेब है। गुरु नानक का पक्का अनुयायी होने के कारण मैं नीयत पर कहे गये उनके शब्दों का उल्लेख ज़रूर करना चाहूँगा।

जो जी होए, सो उगवै।
मुँह का कहया वाओ।
बीजे बिख माँगे अमृत।
देखो एह न्याओ?

इन शब्दों का तात्पर्य है कि जो भावना तुम्हारे मन में है वही उगेगी। मुँह की बात तो केवल हवा है। विष बोकर यदि तुम अमृत माँगोगे तो उसे किस तरह से न्याय कहेंगे?

मेरे जीवन का सारांश

धर्म के मर्म को समझने का प्रयास करना ही मेरे जीवन का सारांश है। उम्र की 80वीं दहलीज़ को लाँघकर आज जब मैं पीछे मुड़कर देखता हूँ तो सोचने पर मजबूर हो जाता हूँ कि इस सफ़र में मैंने क्या खोया, क्या पाया? क्या किया, क्या नहीं कर पाया? कुछ कमियों का अफ़सोस भी होता है और कुछ उपलब्धियों पर तसल्ली भी। अपने निजी और राजनीतिक जीवन में सामंजस्य न बना पाने का अफ़सोस कई बार मन को कचोटता है। मैं अपनी पत्नी का हमसफ़र तो बना, हमदर्द नहीं। बच्चों को भी मैंने ऊँची शिक्षा तो दी लेकिन ऊँची उड़ान भरने की आज़ादी नहीं दे पाया।

मुझे यह कहने में जरा भी संकोच नहीं कि एक कट्टरपंथी सिख परिवार से होने के कारण मैं रूढ़िवादी तो था ही, एक पुरूष सत्ता समाज की कमजोरियों को दूर करने के बजाए उनमें उलझकर रह गया। अगर थोड़ा उदारवादी विचारों का होता तो मेरे सभी बच्चे और भी ऊँचाईयाँ छू सकते थे। मैंने अपनी बेटियों को पंख तो दिये पर उड़ने की आजादी नहीं दे सका। मेरी अब यह धारणा बन गयी है कि एक पुरूष सत्ता समाज पिता को निर्णय लेने का अधिकार देकर उसे और भी कमजोर बना देता है जिस कारण से कई बार मेरी कथनी और करनी में फर्क रहा। बदलते वक्त के साथ मैं कदमों को मिलाने की कोशिश कर रहा हूँ। यह प्रेरणा भी मुझे पानी से ही मिली जो हर साँचे में ढल जाता है।

मेरे जन्म की रात लगातार हो रही बारिश के कारण माँ ने मेरा नाम इन्द्र रखा था। वह शायद देवराज इन्द्र की तरह मुझे भी ऊँचाइयाँ छूते देखना चाहती थी लेकिन मेरी फ़ितरत उनसे सर्वथा भिन्न निकली। इन्द्र तो अपने वर्चस्व को अक्षुण्ण रखने के लिए ऋषि-मुनियों तक की तपस्या भंग करवा दिया करते थे जबकि सत्ता से मेरा आँकड़ा छत्तीस का बना रहा।

धर्म से मेरा रिश्ता सिर्फ़ नाम का नहीं। एक धार्मिक परिवार में पैदा होने के कारण सिख ग्रन्थों और इतिहास में मेरी रुचि तो थी ही, पाकिस्तान से डालटनगंज

पहुँचकर मुझे हिन्दू ग्रन्थों और पौराणिक कथाओं में भी दिलचस्पी हो गयी। घर पर मैं गुरुवाणी सुनता और स्कूल में संस्कृत के श्लोक पढ़ता। रामलीला देखते-देखते मुझे रामायण के कई दोहे और चौपाइयाँ भी कण्ठस्थ हो गयीं। छोटी-सी उम्र में ही धार्मिक उन्माद की क़ीमत हमारे जैसे लाखों परिवारों ने बेघर होकर चुकाई थी और धार्मिक आस्था ने ही हमें नये सिरे से ज़िन्दगी शुरू करने का हौसला भी दिया। मेरे राजनीतिक सफ़र का कँटीला रास्ता भी धर्म की अग्नि-परीक्षा से होकर ही निकला। शायद यही कारण था कि मैं धर्म के मर्म को समझने की खोज में निकल पड़ा।

हज़ारीबाग और डालटनगंज की जेल में बिताये लगभग 20 महीनों में मैंने गीता से लेकर कुरान, हदीस और बाइबल भी पढ़ डाले। विभिन्न धर्मों के गहन अध्ययन के बाद मैंने अपने जीवन की एक निजी फ़िलॉसफी भी बना ली है। मेरी दृष्टि में धर्म दो हिस्सों में बँटा है—पहला, हमने ख़ुद इज़ाद किया है जिसमें पूजा-पद्धति, खान-पान, रस्म-रिवाज़ और पोशाक जैसे बाहरी तामझाम शामिल हैं। यह सभी हमारे मन को इस भ्रम में उलझाकर रखते हैं कि हम धर्म के रास्ते पर हैं। यह हमें इतिहास और परम्पराओं से जुड़ा होने का अहसास भी कराते हैं। इसको मैं साधारण (ओर्डिनरी) धर्म मानता हूँ। धर्म का असली मर्म इन सभी रस्मों-रिवाज़ों से कहीं ऊँचा है। सदियों पहले मनु ने 'मनुस्मृति' में धर्म के जिन दस लक्षणों का वर्णन किया था, वे आज भी उतने ही प्रासंगिक हैं।

धृतिःक्षमा दमोऽस्तेयं शौचमिन्द्रियनिग्रहः।
धीर्विद्या सत्यमक्रोधो दशकं धर्मलक्षणम्।।

धैर्य, क्षमा, संयम, अचौर्यता (चुराने की आदत से परे), शुद्धता, इन्द्रियों पर नियन्त्रण, गम्भीरता, विद्या, सच्चाई और ग़ुस्से पर नियन्त्रण यही धर्म के दस लक्षण हैं। वास्तविकता यह है कि उपर्युक्त दस लक्षणों का पालन करने वाला व्यक्ति चाहे किसी भी जाति या मज़हब का हो उसे ही धार्मिक कहा जायेगा। उसके सामने धर्म के केवल कर्मकाण्डों को मानने वाले लोग बौने पड़ जाते हैं। इस धर्म को मैं असाधारण (एक्स्ट्रा ओर्डिनरी) धर्म मानता हूँ। गुरुग्रन्थ साहिब में जहाँ रामानन्द, जयदेव एवं सूरदास जैसे हिन्दू सन्तों की वाणी दर्ज की है वहीं शेख फरीद और कबीर जैसे मुस्लिम सन्तों की भी और नामदेव एवं रविदास जैसे दलित वर्ग के ब्रह्मज्ञानियों की भी।

कबीर कहते हैं :

हिन्दू कहे मोहे राम प्यारा, तुरक कहे रहमाना।
आपस में दोउ लड़-लड़ मूए, मर्म न कोउ जाना।।

(राम और रहमान दोनों एक ही हैं लेकिन हिन्दू और मुसलमान धर्म के मर्म को न समझकर आपस में लड़ते रहते हैं)

गुरु नानक ने भी अपने जीवन में देश-विदेश जाकर धर्म के मर्म को समझाने की भरसक कोशिश की। वे जब मक्का गये, तो वहाँ के हाजियों ने उनसे एक यक्ष प्रश्न पूछ डाला—"हिन्दू अच्छा है या मुसलमान?"

गुरु नानक के जवाब को पंजाबी के महान धार्मिक कवि भाई गुरुदास ने कुछ इस तरह लिखा है :

पुछ्छन खोल किताब नूँ, हिन्दू बड़ा कि मुसलमनोई।
बाबा आखे हाजियाँ, शुभ अमलां बाजों दोनों रोई।।

(हाजियों ने गुरु नानक से जब यह पूछा कि मुसलमान बड़ा है या हिन्दू तो उन्होंने जवाब दिया अच्छे कर्मों के बिना दोनों को रोना पड़ेगा)

माना जाता है कि गुरु नानक के देहान्त के बाद मुसलमान उन्हें दफ़नाना चाहते थे और हिन्दू उनका दाह-संस्कार करना चाहते थे। वे आपस में बहस कर ही रहे थे कि नानक की देह लुप्त हो गयी। गुरुनानक के विचार आज भी उतने ही प्रासंगिक हैं जितना कि आज से कई सदियों पहले। अफ़सोस यह है कि कबीर और नानक की धरती पर आज भी धर्म के नाम पर सियासत खेली जा रही है।

सिखों के दसवें गुरु गोविन्द सिंह का भी एक ही स्पष्ट सन्देश है :

कोऊ भयो मुण्डिया संन्यासी कोऊ जोगी भयो,
कोऊ ब्रह्मचारी कोऊ जति अनुमानबो।
हिन्दु तुरक कोऊ राफ़जी इमाम साफी,
मानस की जात सबै एकै पहचानबो।।
कर्ता करीम सोई राजक रहीम ओई,
दूसरो न भेद कोई भूल भ्रम मानबो।
एक ही सेव सब ही के गुरुदेव एक,
एक ही सरूप सबै एकी जोत जानबो।।

(यह भ्रम भूलकर भी मत पालना कि ईश्वर और अल्लाह अलग-अलग हैं। सबका मालिक भी एक है और मानव की जात भी एक है)

उनकी उपर्युक्त कविता मेरे स्कूल में सुबह होने वाली प्रार्थना का हिस्सा भी है। गुरु गोविन्द सिंह ने अपनी कथनी को करनी में भी बदलकर दिखाया। जब औरंगज़ेब की धार्मिक यातनाएँ बढ़ने लगीं तो दोनों में युद्ध छिड़ गया। ऐसे समय में

भी उन्होंने अपने शिष्यों को दुश्मनों के प्रति नफ़रत नहीं मानवता दिखाने का पाठ ही पढ़ाया। उनके एक शिष्य भाई कन्हैया पर युद्ध में घायल होने वाले सैनिकों को पानी पिलाने की ज़िम्मेवारी थी। कुछ दिनों के बाद गुरुजी के पास शिकायत पहुँची कि भाई कन्हैया तो दुश्मनों को भी पानी पिला रहे हैं। गुरुजी के सामने भाई कन्हैया को पेश होने के लिए कहा गया। पूछे जाने पर भाई कन्हैया ने कहा, "गुरुजी मुझे आपके ही शब्द—मानस की जात सब एकै पहचानबो—भेदभाव करने से रोक देते हैं।" भाई कन्हैया का उत्तर सुनकर गुरुजी इतने प्रसन्न हुए कि उन्होंने उसे मरहम की डिब्बी पकड़ाते हुए कहा कि आगे से घायलों को केवल पानी ही नहीं उनके ज़ख़्मों पर मरहम भी लगा दिया करना।

हज़ारीबाग में 1989 में हुए दंगों में बिहार भाजपा अध्यक्ष रहते हुए हिन्दू और मुस्लिम दोनों मुहल्लों का दौरा करने के पीछे गुरु गोविन्द सिंह के उपदेश का ही प्रभाव था लेकिन धर्म के ठेकेदारों को वह रास नहीं आया।

राष्ट्रपिता महात्मा गाँधी अपनी प्रार्थना में प्रतिदिन यही गीत गाया करते थे, "ईश्वर अल्ला तेरो नाम, सबको सन्मति दे भगवान"। देश के बँटवारे के दौरान मैं सात साल का अबोध बालक था जब लाखों परिवारों को धर्म के नाम पर बेघर कर दिया गया। 1984 के दंगों में एक बार फिर वही इतिहास दोहराया गया। दंगों की राजनीति तब तक खेली जाएगी जब तक लोग धर्म के मर्म को नहीं समझते। इसे समझे बिना हम गुरुद्वारों, मन्दिरों, मस्जिदों और गिरजाघरों को लेकर लड़ रहे हैं। आख़िर में लेखा-जोखा तो अपने कर्मों का ही देना पड़ेगा। उर्दू के अज़ीम शायर अलामा ईकबाल ने भी कहा है...

यह घड़ी महशर की है तू अरशये महशर में है
पेश कर गाफिल अमल कोई अगर दफ़्तर में है

(यह कयामत की घड़ी है नासमझ! अगर तुम्हारे खाते में कोई नेक काम है तो पेश कर)

एक ही धर्म को मानने वाले भी अक्सर भगवान की परिभाषा को लेकर आपस में उलझ पड़ते हैं। इतिहास गवाह है कि हिन्दुओं में उच्च और निम्न जाति को लेकर, इस्लाम में सिया और सुन्नी और ईसाइयों में कैथलिक एवं प्रोटेस्टेंट अनुयायियों में हुई हिंसा में न जाने कितने लोग मारे जा चुके हैं। धर्म के नाम पर जितनी जानें गयी हैं उतनी शायद सारी प्राकृतिक आपदाओं और युद्धों के दौरान भी नहीं गयी होंगी।

हमारा छोटा-सा नामधारी पन्थ भी इससे अछूता नहीं रहा। ऊँच-निम्न के भेदभाव की घुटन मैंने अपने पन्थ में भी महसूस की। असहमत होने पर मुझे अपने गुरुजी की नाराज़गी भी झेलनी पड़ी। सतगुरु जगजीत सिंह के देहावसान के पहले ही करोड़ों की विरासत को लेकर गुरु परिवार में गहरे मतभेद पैदा हो गये। मुझे सतगुरु जी ने पुत्र के रूप में गोद लिया था इसलिए मैंने उनके दोनों भतीजों, ठाकुर दिलीप सिंह और ठाकुर उदय सिंह, जो गुरुगद्दी के दावेदार थे में सुलह करवाने का भरसक प्रयास किया लेकिन सफल न हो सका। आख़िरकार हमारे सफ़ेदपोश पन्थ पर भी ख़ून के छींटे पड़ ही गये। सतगुरु जगजीत सिंह की धर्मपत्नी माता चन्द कौर की नामधारी मुख्यालय भैनी साहिब में अप्रैल 2016 में दिन-दहाड़े हत्या कर दी गयी। नामधारी समुदाय भी अब दो हिस्सों में बँटकर रह गया है।

इस घटना से आहत होकर मैं दोनों ही गुटों से अलग होकर इस राह पर भी अकेला ही चल पड़ा हूँ।

मैं पेशेवर इंजीनियर तो नहीं बन पाया पर मैंने देश के चरमराते सामाजिक ताने-बाने को सोशल इंजीनियरिंग से मज़बूत करने का भरसक प्रयास किया है। देश के बड़े-से-बड़े नेता भी ऐसा क्षेत्र चुनते हैं जहाँ उनके धर्म या जाति का बाहुल्य हो, वहीं मैं ऐसी सीटों से भी चुनाव लड़ गया जहाँ मेरे धर्म के लोग नाममात्र भी नहीं थे। मैं चाहे जिस भी पार्टी में रहा, मैंने धर्म, जात-पात, धन या बाहुबल का सहारा नहीं लिया। जनता का विश्वास ही मेरी सबसे बड़ी पूँजी रही और यही पूँजी तब भी काम आयी जब मेरे पास पार्टी की बैसाखी तक नहीं थी। परिस्थितियों से विवश होकर भाजपा से जनता दल जाना भी कुछ पाने के लिए नहीं था और न ही जनता दल में मन्त्री और स्पीकर के पदों को छोड़कर निर्दलीय हो जाना।

कुछ साल पूर्व स्विट्ज़रलैंड में हुए महाप्रयोग में वैज्ञानिकों ने अपनी खोज को 'हिग्स बोसॉन' का नाम दिया, जो 'गॉड पार्टिकल' के नाम से मशहूर हुई - एक ऐसी अदृश्य शक्ति जो इस ब्रह्माण्ड के कण-कण को अस्तित्व देती है। अगर इस विश्व को चलाने वाला कोई व्यक्ति नहीं शक्ति है तो फिर उसके नाम पर राम, बुद्ध, कबीर और नानक जैसे महान् राजाओं और संतों की जन्मस्थली में नफ़रत की राजनीति क्यों हो रही है?

मेरे जीवन की सबसे बड़ी प्रेरणा प्रकृति ही है।

मैंने अपनी जीवनी के माध्यम से देश के प्रमुख राजनीतिक दलों के द्वारा हिन्दुत्व, मुस्लिम तुष्टिकरण, जाति एवं जनजाति के नाम पर हो रहे सत्ता के खेल को उजागर करने की एक छोटी-सी कोशिश की है। एक कट्टरपन्थी सिख परिवार से उदारवादी तक का मेरा सफ़र ही शायद मेरे जीवन का निचोड़ है। राजनीति और धर्म का आडम्बर हमें इतना अन्धा कर गया है कि कोरोना जैसी महामारी भी हमारी आँखें

नहीं खोल सकी। प्रकृति ने ही हमें सब कुछ दिया है और वही आज हमें चेतावनी भी दे रही है। उसे नज़रअन्दाज़ करके मनुष्य अपना वर्चस्व ही नहीं, अस्तित्व तक दाँव पर लगा रहा है। इन्सान को प्रकृति ने ही बनाया है और उसे प्रकृति से ही प्रेरणा भी लेनी पड़ेगी। जो भी प्राणी प्रकृति के साथ सामंजस्य नहीं बना सका उसे लुप्त ही होना पड़ा है। मेरे अपने जीवन में भी प्रकृति ही सबसे बड़ी प्रेरणा रही है। बिहार के प्रसिद्ध कवि आर.सी. प्रसाद सिंह के द्वारा लिखी गयी कविता 'जीवन का झरना' जो हमें उच्च विद्यालय में पढ़ाई गयी थी, मुझे आज भी मुँह जुबानी याद है। कवि ने जीवन को झरने की प्रवृत्ति के साथ जोड़ने का प्रयास करते हुए लिखा है :

यह जीवन क्या है, निर्झर है, मस्ती ही इसका पानी है।
सुख-दुख के दोनों तीरों से चल रहा राह मनमानी है।

कब फूटा गिरि के अन्तर से? किस अंचल से उतरा नीचे?
किस घाटी से बह कर आया समतल में अपने को खींचे?

निर्झर में गति है, जीवन है, वह आगे बढ़ता जाता है।
धुन एक सिर्फ़ है चलने की, अपनी मस्ती में गाता है।

बाधा के रोड़ों से लड़ता, वन के पेड़ों से टकराता,
बढ़ता चट्टानों पर चढ़ता, चलता यौवन से मदमाता।

लहरें उठती हैं, गिरती हैं नाविक तट पर पछताता है।
तब यौवन बढ़ता है आगे, निर्झर बढ़ता ही जाता है।

निर्झर कहता है, बढ़े चलो! देखो मत पीछे मुड़ कर!
यौवन कहता है, बढ़े चलो! सोचो मत होगा क्या चल कर?

चलना है, केवल चलना है! जीवन चलता ही रहता है!
रुक जाना है मर जाना ही, निर्झर यह झर कर कहता है!

पानी की तरह ही मैंने भी चट्टानों को चीरते हुए अपने राजनीतिक सफ़र में रास्ते बनाये और आख़िरकार अकेला ही चल पड़ा। धर्म और राजनीति, इन दोनों ही कँटीले रास्तों पर अकेले चलने की हिम्मत ही मेरी आत्मकथा का सन्देश है। पानी से मेरा रिश्ता जन्म से शुरू हुआ और आख़िरी साँस तक रहेगा। पानी की ही तरह मैंने अपने रास्ते ख़ुद बनाये। पानी की तरह मैं रुका नहीं और अविरल बहता जा रहा हूँ।

आभार

इस आत्मकथा को मैं अपनी माता द्रौपदी देवी और पिता योध सिंह नामधारी को समर्पित करना चाहता हूँ। सही मायनों में इन दोनों ने ही मुझे जीवन का सबसे महत्त्वपूर्ण पाठ पढ़ाया। माँ ने सादगी सिखाई और पिता ने दयानतदारी। मेरी ज़िन्दगी संघर्षपूर्ण रही लेकिन मैंने जो भी मुकाम हासिल किये उसका श्रेय मेरी धर्मपत्नी मलविन्दर कौर को भी उतना ही जाता है जिसने छह बच्चों की परवरिश का ज़िम्मा अकेले ही संभाला। इस किताब को आप तक लाने में तीन और लोगों का बड़ा योगदान रहा है। पहला, साहित्यिक एजेंसी 'द बुक बेकर' के सुहेल माथुर का, जिन्होंने वाणी प्रकाशन तक यह कहानी पहुँचायी। इस सपने को पूरा करने में मेरी सबसे छोटी बेटी सुखदीप कौर, जो एक पत्रकार है, की भी अहम भूमिका रही। हरेक शब्द को इन पन्नों तक पहुँचाने में मेरे निजी सहायक कुणाल किशोर की मेहनत को भी उतना ही श्रेय जाता है।

पलामू दौरा के दौरान वाजपेयी जी जनता को सम्बोधित करते हुए

बिहार प्रदेश भाजपा अध्यक्ष बनने के बाद पलामू के पाटन में सिक्कों से तौले जाते नामधारी

राष्ट्रपति ए.पी.जे. अब्दुल कलाम के राँची आगमन पर उनका अभिनन्दन करते हुए नामधारी

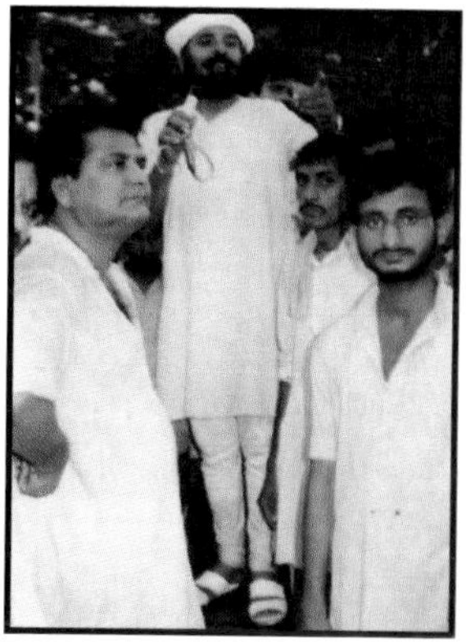

वनांचल (झारखण्ड) निर्माण के दो अग्रदूत नामधारी और समरेश सिंह

लालू यादव के डालटनगंज आगमन पर उनसे मुलाक़ात करते नामधारी

स्वतन्त्रता दिवस के अवसर पर विधानसभा में झण्डोत्तोलन के बाद भाषण देते नामधारी

पहली बार 1980 में डालटनगंज से चुनाव जीतने के बाद विजय जुलूस के दौरान नामधारी

1968 में अपने बड़े साले मंजीत सिंह की शादी के अवसर पर गुरुवाणी सुनाते नामधारी

सी पी ए बैठक के अवसर पर लोकसभा स्पीकर मीरा कुमार एवं नाइजीरियन राष्ट्रपति के साथ नामधारी

बिहार के चक्रधरपुर में भूमिहीनों को पर्चा बाँटते नामधारी

राँची में जदयू के सम्मेलन में नामधारी केन्द्रीय नेता जॉर्ज फर्नांडिस, शरद यादव एवं नीतिश कुमार के साथ

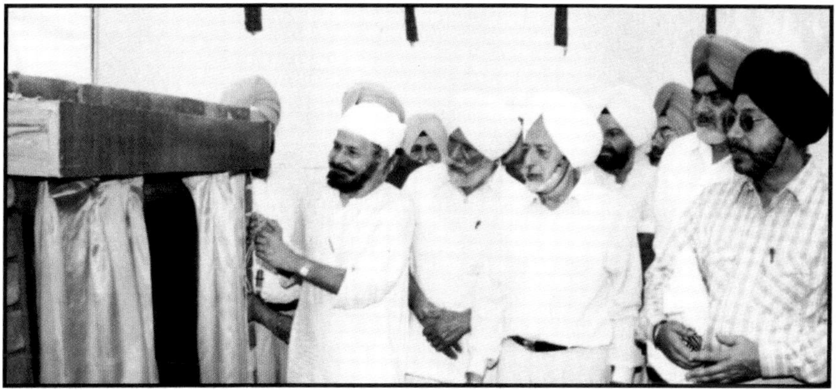

2001 में पंजाब के मोहाली शहर में स्थापित गुरु गोविन्द सिंह पब्लिक स्कूल का उद्घाटन करते नामधारी

दुबियाखांड़ मेले में उमड़ा जनसैलाब

1988 के गया में हुए किसान सम्मेलन के अवसर पर
लालकृष्ण आडवाणी एवं भैरों सिंह शेखावत के साथ नामधारी

अपनी पुस्तक 'बाबा अब न बसों एहि गाँव' के विमोचन के अवसर पर
बाबा रामदेव एवं पद्मश्री बलवीर दत्त के साथ नामधारी

दुबियाखांड़ के आदिवासी मेले में अपनी पत्नी के साथ नामधारी

मुस्लिम समाज के लोग नामधारी से अपनी समस्याएँ साझा करते हुए।

दिल्ली में हुए अखिल भारतीय राजस्व मन्त्रियों के सम्मेलन में भाग लेते नामधारी

नामधारी जी द्वारा शुरू किये गये आदिवासी कुम्भ मेला, दुबियाखांड़ में आयोजित जनसभा में बैठे हैं तत्कालीन मुख्यमन्त्री अर्जुन मुण्डा, जमुना सिंह एवं विधान सभा के अध्यक्ष इन्दर सिंह नामधारी

वर्ष 1995 में मन्त्री पद की शपथ लेते नामधारी

जमशेदपुर भ्रमण के दौरान अपने समर्थकों से घिरे नामधारी

ऑस्ट्रेलिया की राजधानी कैनबरा में हुई सी पी ए की बैठक में अन्य प्रदेशों के स्पीकरों के साथ भाग लेते नामधारी

पीठासीन पदाधिकारी (Presiding officer) के रूप में लोकसभा का संचालन करते हुए नामधारी

कवि सम्मेलन में सस्वर कविता पाठ करते हुए नामधारी

जनता दल के प्रमुख शरद यादव एवं एल.जे.पी. के अध्यक्ष रामविलास पासवान के साथ नामधारी

नामधारी अपने माता-पिता, एकमात्र बहन सुरेन्द्र कौर और छह भाइयों के साथ

नामधारी के छोटे साले निर्मलजीत सिंह नरूला (आज के निर्मल बाबा) अपनी पत्नी सुषमा और बेटे सुप्रीत के साथ

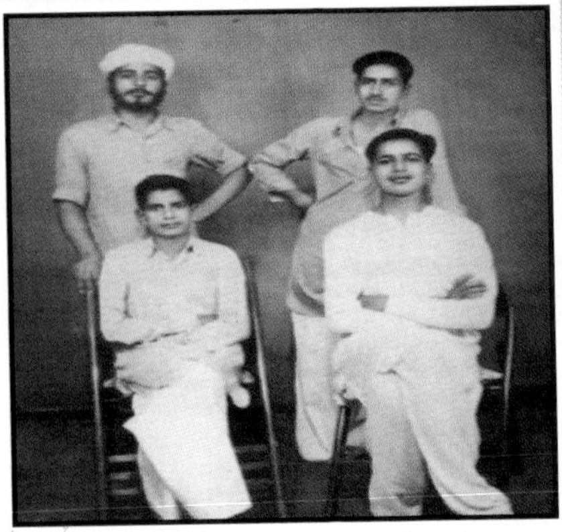

जीएलए कॉलेज से इंटर की पढ़ाई करते समय नामधारी और उनके तीन मित्र—स्वरूप चन्द्र जैन, अरविन्द प्रसाद और राधे श्याम

नामधारी अपने बेटे दिलीप के साथ

1990 में सद्गुरु जगजीत सिंह की उपस्थिति में पुत्र दिलीप सिंह और बहू निर्मल रसना का नामधारी रस्मो रिवाज से होता हुआ विवाह

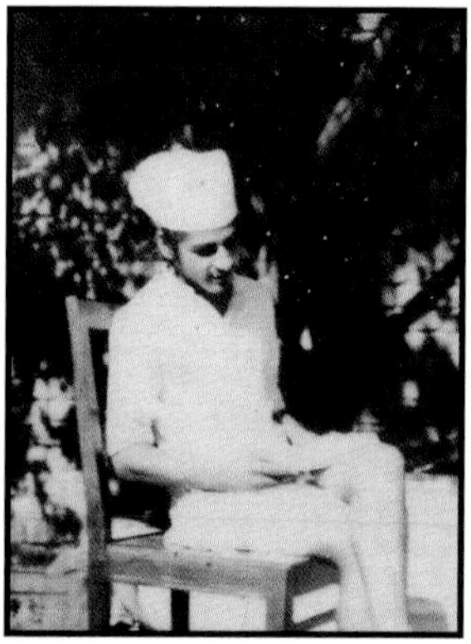

नामधारी और उनके बचपन के मित्र अरविन्द प्रसाद अपनी-अपनी पत्नियों के साथ

पलामू उच्च विद्यालय के विद्यार्थी के रूप में नामधारी

नामधारी की पाँचों बेटियाँ

...और कारवाँ बनता गया

नामधारी के सबसे छोटे भाई अजीत सिंह, जिन्हें नक्सलियों ने अगवा कर लिया था, अपनी पत्नी हरभजन कौर के साथ। एक दुर्घटना में अपाहिज हो जाने के बाद भी हरभजन का हौसला नहीं टूटा। कुछ अर्से पहले वह चल बसी। 8 भाइयों में अब नामधारी और अजीत ही रह गये हैं। उनकी इकलौती बहन थाईलैण्ड में रहती है

लव मी लिट्ल, बट लव मी लौंग के वचन को निभा रहा हूँ

योद्ध सिंह नामधारी महिला महाविद्यालय डालटनगंज

माता द्रौपदी नामधारी गुरु गोविन्द सिंह पब्लिक स्कूल, जमुने डालटनगंज

नामधारी पन्थ के प्रमुख सद्गुरु जगजीत सिंह की उपस्थिति में भाषण देते हुए नामधारी

विवाह सूत्र में बँधने के बाद नामधारी अपनी पत्नी मलविन्दर कौर के साथ